아동요리
지도사
실무 매뉴얼

COOKING KIDS MANUAL

아동요리 지도사 실무 매뉴얼

오재복 · 이성희 지음

(주)교 문 사

머리말 Preface

아동요리는 단순히 함께 요리를 만들어 보는 활동만으로 그치는 것이 아니라 아동이 직접 만들어보고 생각하게 하므로 아동들의 올바른 생활습관과 식습관을 길러줌과 동시에 신체와 정신의 건강한 안녕을 위할 수 있는 요리 프로그램으로, 창의력과 상상력을 자극해 두뇌개발에 도움을 줄 수 있는 분야입니다. 그러므로 이러한 요리 활동을 통한 경험은 수학적 · 과학적 개념을 자연스럽게 습득할 수 있는 학습활동이 되고, 지속적인 오감의 자극을 통해 학습의 효과가 극대화되므로 통합적인 교육을 통한 언어표현력 증대, 탐구력 발달, 정서 발달에도 효과가 뛰어납니다.

본서는 아동요리 교육의 이론적인 고찰과 실제적인 부분을 체계적으로 분석할 수 있는 방안에 중점을 두었으며, 아동들의 연령대에 맞춘 실제적인 교육법과 요리하는 자세, 식재료를 다루는 방법, 그리고 식사 예절 등을 다루었습니다. 현실적인 수업에 관련된 내용을 중심으로 하여 아동요리 지도사 과정을 보다 쉽게 해설했으며 아동요리에 대한 인식을 새롭게 하고, 누구나 쉽게 아동요리를 통한 이론과 실습 교육이 이루어질 수 있도록 다각도로 폭넓게 구성하였습니다.

이 책의 내용구성을 보면, 먼저 Chapter 1 아동요리의 개요에서는 아동요리의 정의와 아동요리의 교육적 가치, 아동요리의 효과에 대해 살펴보면서 아동요리에 대한 전반적인 내용을 살피고자 하였으며, Chapter 2에서는 아동요리 지도의 실제에서 아동 발달단계에 따른 요리 지도와 연령대별 아동요리 지도교안의 예시를 살펴볼 수 있도록 하였습니다. Chapter 3에서는 요리 활동의 실제적인 예시로 요리별 활동 목표와 준비물, 만드는 방법을 명시하였고 요리 활동 방법과 확장 활동을 활동 연

령대와 활동 시기로 나누어 제시하여 교육적으로 노는 요리, 즐거운 요리 놀이를 아동들이 쉽게 따라할 수 있도록 소개했습니다. 각 요리마다 아동들과 함께 하는 요리 활동의 이야기 소재를 소개하고, 어떻게 요리 수업을 해야 교육적인 효과를 얻을 수 있는지를 상세히 설명하였습니다. Chapter 4에서는 식사할 때의 예절에 관한 내용으로, 식사하기 위한 바른 자세와 요리를 대하는 태도, 식사 방법들에 대한 구체적인 내용에 대하여 다루었습니다. Chapter 5는 위생과 청결을 바탕으로 하는 아동요리 활동을 위해 식품위생 개론, 식중독 관리에 관한 내용을 다루었습니다.

이러한 내용으로 구성된 아동요리 지도사 실무 매뉴얼은 음식을 잘 만드는 것에만 주안점을 두는 것이 아니라 아동들이 직접 참여하여 손수 만들어 보면서 완성품을 만들어 냈을 때의 성취감과 직접 만든 음식을 먹는 기쁨을 느끼며 재미있고 흥미로운 시간을 보내고 식사할 때에 필요한 예절까지 동시에 학습할 수 있도록 도울 것입니다. 이에 아동들의 발달 단계별 특징을 이해하고 무한한 가능성을 열어줄 수 있는 아동요리와 관련된 분야가 더욱 발전되기를 희망하며 이 책이 출판되기까지 도움 주신 여러분들께 감사드립니다.

2012년 11월

저자 일동

차례 Contents

chapter 3 요리 활동의 전개

chapter 4 식사 예절의 이해

chapter 5 식품위생의 이해

chapter 1 아동요리의 개요

chapter 1

아동요리의 개요

1 아동요리의 정의

아동요리는 아동들이 학습하고자 하는 재료를 보고, 만지고, 냄새를 맡으며 이름을 알아가는 과정에서부터 씻고, 자르고, 으깨고, 열을 가하여 익혀가는 과정과 함께 완성된 요리를 그릇에 담고, 맛을 보고, 요리와 관련된 영양소를 학습하며 정리정돈하기까지의 과정이 통합적으로 이루어지는 요리 활동이다. 아동은 요리 활동을 하면서 어떤 음식을 요리할 것인지 결정하기 위한 이야기를 나누며, 요리표를 읽고, 재료를 준비하고, 또 요리한 것을 먹고 정리하기까지의 과정에 직접 참여함으로써 영양과 건강은 물론 많은 개념을 습득하게 된다.

요리 활동은 처음부터 참여하게 되며 집단의 형태는 소그룹으로 선택하고, 요리 과정을 잘 볼 수 있도록 낮은 책상을 사용하며 간단한 것에서부터 시작하도록 한다. 명료하고 사실적인 요리표는 그림과 단어가 함께 있어 아동의 요리 방법에 대한 이해와 흥미를 자극하며, 요리 과정을 쉽게 인식할 수 있도록 요리표는 항상 같은 형태로 만들도록 하고, 실제물을 이용하는 것이 좋다.

2 아동요리의 교육적 가치

아동은 만지고 맛보고 냄새 맡는 등의 다양한 경험을 하면서 요리를 인식하게 된다. 아동은 요리 활동을 통해 어떤 음식을 만들어 볼지 계획하면서 씻고 만지고 자르고 끓이고 냄새를 맡으며 직접적인 조작과 실제적인 경험을 하게 된다. 이것은 아동의 흥미를 유발하고 나아가 간단한 형태의 요리일지라도 교육적 효과가 나타나게 한다. 또한 아동들의 짧은 주의력과 가역성 및 보존의 제한성을 감안하면 직접 경험이 가능한 요리 활동은 아동들의 개념 습득에 유용한 활동이기도 하다.

이처럼 요리 활동은 단순히 음식을 만들고 먹는 과정에서 끝나는 것이 아니라 여러 영역과 관련된 경험을 제공한다. 즉 요리 활동은 음식물에 대한 개념, 음식을 만들고 준비하면서 얻을 수 있는 개념, 사회적 지식, 과학적 지식, 측정의 개념학습에 도움을 주고 온도와 변화의 개념, 시간의 개념, 물리 화학적 개념들을 학습하는 통합적 발달을 도모한다. 뿐만 아니라 요리 순서도를 읽는 동안 언어 발달도 함께 이루어진다. 그리고 무엇보다도 요리 활동은 먹는 즐거움이 수반되는, 모든 영역이 통합된 교육과정이다.

요리 활동을 통한 통합교육 중에서 과학교육을 좀 더 구체적으로 설명하면 요리 활동은 아동이 학습해야 할 중요한 과학개념을 많이 포함하고 있는 유익한 활동이다. 예를 들어 채소수프를 만들려면 재료를 얼마만큼 넣을지를 고민하면서 측정하는 동안 수학적 개념을 학습하기도 하며 얼마나 오래 끓여야 할지를 예측하면서 시간의 개념도 형성할 수 있다. 요리를 하는 동안 냄새 맡고, 만지고 맛보는 등의 오감을 모두 사용하기 때문에 아동들에게 요리 활동은 놀이이면서 학습이 될 수 있다. 그러므로 놀이와 학습은 분리되어 있는 것이 아니다. 아동이 재미있어하는 것이라면, 또 그 안에서 학습효과까지 얻을 수 있다면, 가장 훌륭한 놀이이자 학습의 기회가 되는 것이다.

1) 언어개념 발달

요리 활동은 아동을 위한 총체적인 언어교육 접근법으로서도 활용된다. 요리 활동을 할 때 사용되는 요리 순서도나 관련 도서는 아동의 읽기를 도와주며, 요리 활동에 관한 과정과 결과를 쓰거나 그리는 활동을 통하여 언어발달을 돕는다. 요리 활동은 맛과 형태, 느낌 등에 대한 막연한 언어적 표현이 구체적이고 사실적으로 진전되도록 하며, 이에 따라 표현횟수 또한 증가시키고, 요리법에 따라 요리하는 것은 듣기능력을 향상시키는 등의 총체적 언어교육 접근 방법의 일부분이 된다.

또한 요리 활동을 통해서 실제 재료를 조작하고, 변형시키고, 결합시키면서 사물과 사물 간의 관계, 사건과 행동 간의 관계를 발견하고 원인과 결과를 학습하며, 도구를 가지고 기술을 습득하는 등의 적극적인 활동을 통해 언어 학습을 경험하게 된다. 요리 과정 동안 아동들은 여러 가지 모양, 크기, 색, 맛, 냄새의 변화과정을 관찰·탐색하며 이와 관련된 언어를 표현하게 되어 언어 발달이 자연스럽게 이루어진다.

요리 활동을 통하여 얻을 수 있는 언어 발달을 살펴보면 음식물 명칭(건포도, 식빵, 피망 등), 도구 명칭(프라이팬, 냄비, 거품기 등), 요리 과정과 행동 명칭(끓이다, 녹인다, 굽는다, 반죽하다, 휘젓는다 등), 공통적 범주(과일, 채소, 곡식 등), 음식물의 형태(싱싱한, 통조림 한, 버터를 바른 등), 시간에 대한 표현(천천히, 빨리, 지금, ~때까지), 비교와 대조(~과 같다, ~과 다르다 등) 등이 있다. 또한 스스로 만든 음식을 먹어보고 달다, 시다, 짜다, 쓰다 등 맛의 표현 방식을 배우게 된다.

이와 같이 요리 활동은 각종 그림과 글을 통해 아동들이 읽고자 하는 노력과 동기를 자극할 수 있고, 글을 읽을 수 있는 자신감을 갖게 하며, 쓰기 활동을 격려하고, 언어적으로 자신의 생각을 표현할 수 있는 기회를 제공한다. 그리고 언어 표현이 소극적인 성향의 아이들을 적극적으로 전환시켜 주는 역할을 하고 이러한 감각 훈련을 통하여 미각, 후각, 촉각, 시각, 청각 등 신체의 오감을 충분히 자극해주게 되므로 자연스럽게 지능 발달과 감성 계발로 연결된다.

2) 과학개념 발달

아동기의 과학 교육은 아동으로 하여금 과학에 대한 홍미와 탐구하는 태도를 가지고 감각을 통하여 스스로 탐색함으로써 자기 자신과 타인 그리고 주변 세계의 여러 가지 현상과 사물을 알고 이해하는 과정이다. 아동의 이러한 자각과 이해는 자신이 능동적인 학습자가 되면서 이루어질 수 있다. 따라서 아동기의 활동 중 요리 활동은 직접적이고 구체적인 조작적 활동으로서 모든 감각을 사용하는 감각경험에 매우 도움이 되며, 아동이 학습해야 할 중요한 과학개념을 많이 포함하고 있기 때문에 과학개념 수립을 강화하는 활동이 될 수 있다.

또한 요리 활동은 과학적 탐구력을 향상시키는 활동으로, 과일을 예로 들면 요리 시작 전에 아동들은 여러 가지 과일들의 색, 모양, 크기, 맛, 촉감, 냄새 등의 탐색을 통해 과일을 감각적인 경험으로 습득할 수 있으며, 이 재료를 특징이 같은 것과 다른 것끼리 분류하거나 비교해 볼 수 있다. 또한, 생과일과 즙을 짠 과일의 무게 차이를 예측해 볼 수 있고 실험을 통하여 무게를 측정해서 아동들의 예측이 맞았는지 검증해 볼 수 있다. 아동은 요리 활동을 통하여 물리적, 화학적 변화를 가장 쉽게 발견할 수 있는데, 예를 들면 치즈를 만들기 위해 우유를 끓이면 표면에 피막이 생기는 단백질 변성과정, 쌀이 밥이 되는 전분의 호화 과정, 빵을 만들 때 오븐 속에서 빵이 부풀면서 갈색이 되는 캐러멜화 반응 등 요리 활동을 통해 과학적 원리와 이론 등을 자연스럽게 배울 수 있게 된다. 이처럼 요리 활동은 모든 과정에서 과학적 개념의 발달과 연관이 되므로 인지 발달에 좋은 활동이라고 할 수 있다.

3) 수학개념 발달

아동들은 영 · 유아기 때부터 일상생활을 통해 자연스럽게 수학을 접하며 수학능력과 수학에 대한 태도, 생각을 키워나간다. 따라서 아동기의 수학교육은 준비된 내용을 주입시키기보다는 친숙한 생활과 적절히 연결시켜 아동에게 도전이 될 만한 적절한 수학 학습경험을 연관시키면서 학습 의욕을 높여주어야 한다. 그러므로 아동을 위한 수학교육은 교사로부터의 일방적인 전달 교육이 아니라, 아동 자신이 스스로 탐구하는 과정을 통하여 수학적인 지식을 습득할 수 있도록 구성되어야 하며, 사전 경험이나 이미 습득된 지식을 기초로 실제 생활 중심으로 제공되어야 한다.

일상생활의 경험 중에서 요리 활동은 단순히 음식을 만드는 과정에 그치는 것이 아니라 아동의 놀이인 동시에 수학적 탐구활동의 기회를 많이 제공할 수 있다. 아동들은 다양한 요리 활동을 통해 재료들을 분류, 서열화, 일대일로 대응 시키기도 하며, 수 개념, 모양, 패턴, 공간, 시간, 측정 등의 수학적 개념들을 자연스럽게 이해하고 학습하기 때문에 요리 활동과 수학활동은 매우 깊은 연관이 있다.

즉, 아동은 조리 과정에서 계량컵이나 계량스푼을 통해 표준의 크기를 알고 시계나 온도계, 저울의 눈금을 읽으면서 수를 이해하게 된다. 또한 요리 순서도에 따른 순서짓기, 재료의 양 어림잡기, 요리에 들어가는 재료의 개수 세기, 더하기, 나누기, 여러 가지 재료의 크기와 모양의 변별 등 단순히 보고 듣기만 하는 것보다 더 많은 수학적 개념들을 배우게 된다. 따라서 요리 활동은 이러한 수학적 개념 학습이 구체물을 통하여 이루어지게 되므로 수학개념 형성에 아주 효과적이다.

4) 창의력 발달

창의력은 인간이 누구나 잠재적으로 갖고 있는 본질적인 속성으로서 전혀 새로운 것을 산출하는 능력이라기보다는 개인이 기존의 경험을 토대로 하여 일상적인 생활에서 직면하는 문제를 새롭고 다양하게 사고하고 적용하며 산출하는 능력이다. 아동기는 창의적 상상력이 발달되는 시기로서 창의력 발달을 위한 노력의 효과가 극대화되는 시기이다. 특히 아동의 창의력 발달을 도모하는 활동은 다양한데, 요리 활동 역시 요리 과정에 아동이 직접 참여하여 오감을 적극적으로 활용하고, 직접적인 조작과 실제적 경험을 하게 되므로 추상적 사고 활동의 기초가 되며, 요리 과정 중에 발생하는 문제들을 창의적인 사고로 해결하면서 다양한 창작품을 만들어 낼 수 있다.

예를 들어 밀가루 반죽으로 쿠키를 만들 때 틀을 이용하지 않고 각자의 상상력을 발휘해 만들고 싶은 모양을 만들어 보게 하면, 사람 얼굴, 동물 모양, 꽃 등 다양한 형태의 과자를 만드는데 이러한 행동은 아동의 창의력을 발달시킨다. 통합적 요리 활동이 아동의 창의력 하위 요인인 유창성, 융통성, 독창성 및 문제 해결력을 향상시키는 데 효과적이다.

같은 재료라도 '어떻게 하면 보다 맛깔스럽고 색다른 요리를 만들어 낼 수 있을까? 같은 음식이라 할지라도 좀 더 맛있는 음식처럼 보이기 위한 방법은 무엇일까? 좀 더 예술적 감각이 돋보이는 요리가 될 수 있도록 하는 방법은 무엇일까?' 하는 이러한 생각들을 정리하여 접시에 창의적으로 담아보는 훈련도 좋을 것이다. 요리를 할 때 한 가지 향신료나 한 가지의 채소를 더 또는 덜 첨가하는 것도 새로운 요리의 방법이라 할 수 있다. 이처럼 다양한 방법을 통하여 새로운 형태, 새로운 색깔, 새로운 맛을 내기 위해 창의적인 두뇌 활동을 하게 되는 것이다. 이처럼 생활 속에서 창의력을 자극하는 요리 활동은 아동 교육 현장에서도 교육적인 가치와 효과를 지닌 활동으로 적용되고 있다.

아동들은 요리의 재료를 만져보고 다루어보는 동안 사물의 차이나 맛 또는 냄새의 차이를 식별할 수 있게 되며 자연스럽게 사물이 갖는 성질과 특징을 알 수 있게 된다. 또한 요리 활동을 통해 신체 발달 및 감각과 운동 발달뿐 아니라 더 맛있고 보기 좋은 요리를 만들려고 창의적인 두뇌 회전을 하게 되어 지적인 발달도 함께 이루어질 것이다. 또한 요리 활동을 통해 아동 스스로 요리 과정에서 일어나는 일들을 창의적인 표현 활동으로 연결하고, 또한 과정에서 발생하는 문제들을 해결하기 위해 창의적인 사고를 하게 된다. 팝콘 튀기기를 생각해 보자. '어떤 활동이 이루어질 수 있을까?' 팝콘을 튀기는 활동 하나에서도 다양한 창의 활동이 진행될 수 있다. 팝콘이 되기 전의 옥수수 알과 팝콘의 차이점을 세밀하게 파악하여 이야기를 나누거나 팝콘이 튀겨질 때의 소리, 팝콘이 튀겨지는 모습들을 아동 자신이 직접 팝콘이 되어 표현해 본다거나, 팝콘을 이용한 퓨전 음식을 만들어보는 등의 활동을 통해 아동의 창의력은 자연스럽게 계발될 수 있다.

이처럼 요리 활동은 요리 과정 전반에 걸쳐서 책임감은 물론 요리 방법이 만들어내는 무형의 창의력과 요리라는 유형적인 결과물을 창출하여 성취감을 느끼게 하는 흥미로운 활동이다.

5) 사회 · 정서개념의 발달

아동은 요리 활동을 하면서 타인과 상호작용하게 되므로 요리 과정에서 타인을 인식하고 타인에 대한 예절과 존중감이 생기며, 맡은 일에 대한 책임감과 '음식을 만들었다'는 성취감과 만족감을 느끼게 된다. 또한 자신이 만든 음식을 가족이나 다른 사람들과 나누어 먹는 경험은 사회 · 정서 발달에 큰 도움이 될 것이다.

집단요리 활동은 또래와의 관계라는 사회적 맥락 속에서 수행하는 것이므로 나누어 갖기, 기다리기, 협동하기 등과 같은 사회적 상호작용을 통해 또래와의 관계를 배우도록 하며, 뿐만 아니라 요리 활동은 짧은 시간 내에 보상을 얻을 수 있기 때문에 아동이 전 과정에 적극적으로 참여, 수행하게 되고 이는 자기 자신에 대한 인식과 자아존중감, 우울과 공격적 행동 감소에 기여할 수 있다고 볼 수 있다. 특히 요리를 다 마치고 함께 먹을 때까지 먹고 싶은 욕구를 참는 인내심을 길러주며, 교사에 대한 아동의 의존성을 줄이고, 아동 간의 긍정적인 상호작용을 증진시키며, 아동의 내적 통제력, 성취동기 등의 사회성 발달에 긍정적인 영향을 미치는 것으로 밝혀졌다.

또한 요리 활동은 장애아의 문제행동이나 부적응 행동을 개선시킬 수 있는 활동이며 협력학습으로서, 또래관계를 구성하는 정서적 지지, 공동 활동, 교환적 협동에 긍정적인 영향을 주어 또래관계를 향상시키고 나아가 정서장애아동의 사회성 증진에 기여한다.

6) 대 · 소근육 발달

요리 활동은 아동들의 신체 발달뿐만 아니라 근육의 협응력과 통제력이 요구된다. 구체적으로 살펴보면, 요리 활동에서 칼을 사용해 재료를 써는 일은 손에 힘을 주고 주의를 기울여야 하는 동작이기에 손의 섬세한 협응력을 기를 수 있으며, 썬 재료를 그릇에 넣기, 반죽하기, 으깨기, 말기 등의 활동을 통해서는 조작능력과 손가락의 조절능력을 배울 수 있게 된다.

7) 올바른 식습관 형성

건강과 영양 상태는 먹는 음식의 질과 양에 따라서 좌우되는데, 식습관이란 자주 먹는 음식의 패턴을 말하며, 음식의 기호, 음식에 대한 태도, 식사태도 등을 포함한다. 올바른 식습관 형성의 여부에 따라 개인의 신체적, 정신적 건강 상태가 좌우되므로 건전한 성품과 바람직한 인성이 형성되기 위해서는 적절한 영양섭취가 필요하며, 적절한 영양섭취를 위해서는 올바른 식습관 형성이 필요하다.

아동기는 꾸준한 성장과 함께 활동량이 급격히 증가하고, 신체조절능력이 점차 향상되며, 열량과 영양소의 요구량이 크게 증가되므로 적절한 영양이 양적 · 질적인 면에서 아동의 신체 요구에 맞게 충당되어야 한다. 이 시기에는 대뇌의 발달이 가장 왕성한 시기로 영양 부족이나 영양 불량으로 뇌 발육 부진이 되면 회복하기 어렵다. 또한 식습관이 형성되는 중요한 시기로, 일단 형성된 식습관은 쉽게 변화되지 않고 장기화될 경우 영양과잉, 영양실조 등의 질병을 유발할 수 있으므로 올바른 식습관 형성의 중요성이 강조되고 있다. 아동은 음식이나 식사시간에 대한 긍정적인 태도가 형성된 뒤에 좋은 식습관을 갖추게 되므로 요리 활동을 통한 통합적이고 총체적인 지도가 이루어질 때 보다 효과적으로 식생활 습관을 지도할 수 있다.

이와 같은 아동기의 특성을 고려할 때 재료를 준비하고, 요리를 하고, 정리하는 일련의 요리 활동은 아동의 올바른 식습관 형성에 가장 효과적인 방법이 될 수 있다. 요리 활동을 통해 식재료와 요리에 친숙해지면 낯선 음식에 대한 거부감과 기존에 가지고 있었던 음식에 대한 선입관이 해결될 뿐만 아니라 정성껏 요리를 준비하는 과정을 통해 음식의 소중함을 깨닫게 되어 잘못된 식습관도 고칠 수 있다.

8) 다문화 이해

아동은 요리 활동을 통하여 식사 예절과 태도뿐만 아니라 다른 나라의 음식 문화에 대해 이해하기 시작한다. 또한 음식이 구심점 역할을 하여 우리나라와 다른 나라를 연결지어 다른 나라의 음식을 보고, 듣고, 이야기를 나누어 보는 경험을 통해 그들의 사는 모습과 함께 기후와 풍습에 따라 나라마다 다양한 요리방법의 유사점과 차이점에 대한 이해를 도모할 수 있다.

현대사회의 아동들은 일상생활 속에서 우리나라의 밥, 김치와 함께 다른 나라 음식인 스파게티, 피자, 햄버거 등의 음식을 쉽게 접하고, 자연스럽게 받아들이고 있다. 이러한 점에서 요리 활동은 다양한 문화에 대한 거부감보다는 친밀감을 가질 수 있게 한다.

3 아동요리의 효과

가정에서 하는 요리 활동은 자녀들과 많은 대화를 나누게 하므로 올바른 인성과 건전한 정서 발달이 이루어질 뿐 아니라 그 과정에서 창의적인 두뇌 활동도 일어나게 된다. 창의적인 요리 만들기 활동에서는 되도록 많은 활동을 함께 할 수 있도록 격려하고, 그러한 시간을 최대한 많이 만들도록 노력한다.

과자나 떡을 만들 때 계량컵으로 양을 재고 물을 적당히 섞어 계란을 휘저어 보기도 하면서 양에 대한 것도 터득하게 되며 왜 여러 가지 영양소가 우리에게 필요한지 알게 되어 아이의 호기심을 충족시켜 줄 수 있다. 앞치마를 두르고 계란을 휘젓고 밀가루 반죽을 하면서 아이들은 음식 만들기에 즐거움을 느낄 것이며 왜 설탕을 한 스푼 넣어야 하는지, 왜 고기를 먼저 볶은 후 채소를 넣게 되는지 등 음식에 대한 설명을 귀담아 듣게 될 것이다. 또한 음식에 담긴 유래나 동기 등을 이야기해주면 아이는 인상 깊게 음식 문화를 이해하게 되고 보다 폭넓은 경험을 쌓게 될 것이다.

- ✩ 알고 있는 채소 종류를 말해보도록 한다. _유창성, 융통성
- ✩ 피망 대신 사용할 수 있는 녹색 채소에는 어떤 것들이 있는지 생각해 본다. _유창성, 융통성
- ✩ 양파 껍질을 벗겨 모양을 관찰하고 냄새를 맡아본다. _민감성
- ✩ 양송이버섯의 생김새를 관찰해 보고 양파와 양송이의 차이를 비교해 본다. _민감성
- ✩ 채소를 원하는 모양으로 썰어본다. _독창성
- ✩ 채소는 어떤 순서대로 넣어야 할지 생각해 본다. _과학성
- ✩ 프라이팬에서 만난 채소들은 서로 어떤 이야기를 할지 상상해 본다. _상상력
- ✩ 볶아지고 있는 채소의 움직임을 표현해 본다. _표현력

1) 오감 증진

다양한 종류의 음식 재료를 접하면서 오감각의 자극으로 인한 지능 계발의 기초 단계인 감각훈련을 확장하게 한다.

① **신체조절능력** : 음식 재료를 준비하고 만드는 과정 속에서 눈과 손의 협응력과 신체조절능력 발달, 종이 접기, 그리기, 찰흙놀이, 블록 쌓기 등의 놀이와 유사한 효과를 볼 수 있다.

② **소근육 조절능력** : 요리 과정에서 썰기, 자르기, 오리기, 붓기, 젓가락 사용을 통해 몸의 소근육을 조절하는 능력을 습득하게 된다.

③ **정밀성** : 밀가루 반죽하기, 쿠키 만들기, 경단 만들기 등을 통해 몸의 정밀한 동작을 자극시켜 섬세한 동작을 강화하는 기능이 발달된다.

④ **미각** : 단맛, 신맛, 짠맛, 쓴맛 이외에도 매운맛, 떫은맛 등을 익혀 음식에 대한 이

해와 맛에 대한 감각을 습득하게 된다.

⑤ **촉각** : 각종 요리 재료를 만지면서 그 재료의 고유한 외부 자극을 피부 감각으로 느끼게 되므로 촉각능력을 향상시킬 수 있다.

⑥ **후각** : 각종 요리 재료를 다루며 조리하는 과정에서 요리 재료들에 대한 다양한 냄새를 분별하게 되어 후각능력을 향상시킨다.

⑦ **청각** : 요리를 통해서 재료를 다듬는 소리, 자르는 소리, 조리하는 과정의 소리를 통해서 각 요리 재료가 가지고 있는 특이한 소리를 이해하게 된다.

2) 도구 사용법 습득

조리에 사용되는 각종 도구들을 안전하게 사용하는 방법을 지식과 행동을 통해 습득하게 된다.

3) 위생 관념 형성

요리를 만들면서 더러움과 깨끗함에 대한 구별을 할 수 있게 된다. 먹어야 할 것과 먹지 말아야 할 것을 알게 되고, 먹을거리를 만들거나 먹기 위한 과정의 위생 관념을 습득한다.

4) 편식습관 교정

특정한 음식 재료나 음식 종류에 대한 편견을 없애고 요리 활동을 통하여 모든 식재료가 우리의 건강에 필요하다는 생각을 갖게 되면, 올바른 식습관이 형성되어 편식습관을 교정하게 된다.

5) 건강 증진

요리에 사용되는 식재료의 중요성, 식재료별 영양가, 신체와의 관련성을 알게 되어 건강한 식습관을 형성하게 된다.

6) 사회성 발달

요리를 함께 계획하고, 준비하고, 일을 분담하는 과정을 통해 아동들은 책임감을 키우고, 협동심을 기르며, 이야기를 나누면서 친밀감을 향상시킬 수 있다.

7) 예절 교육

자기가 만든 음식을 즐겁게 먹으면서 질서의식 및 식사 예절을 습득하고, 만든 음식은 어른부터 드리는 습관을 형성하여 예절을 익히게 된다.

8) 자신감 향상

요리를 직접 만들었다는 만족감, 성취감을 통하여 자신감을 갖게 되고, 성취감은 자신에 대한 긍정적 자아감을 형성하게 된다.

9) 언어 발달

요리 활동을 통해서 각종 식자재 및 취사도구와 조리방법의 명칭, 조리 상태, 조리법의 명칭을 습득하고 이를 통해 음식과 관련된 포괄적인 개념의 새로운 단어에 대한 이해를 넓혀 나가게 된다.

10) 탐구력 향상

① 과학능력

요리는 다양한 과학실험의 장이다.

- 요리 재료들의 모양이나 성장 상태
- 가공 후의 모습
- 색깔의 변화
- 밀도, 질량, 열에너지에 의한 음식의 상태 변화

② **수학능력**

요리 재료를 선택하고 손질하여 준비하고 조리한 후 먹으면서 수학적 개념이 형성된다.

- 요리 재료비를 계산할 때
- 양을 계량할 때
- 요리 재료를 셀 때
- 재료를 익히는 시간
- 요리를 나눌 때
- 사람 수에 따라 요리를 할 때

③ **미술능력**

요리 재료가 가지고 있는 화학적 · 물리적 성질을 이용하여 미술 재료로 활용하고, 요리 재료를 통해 그리기, 꾸미기, 붙이기, 오리기, 섞기, 만들기, 조각하기 등을 익힐 수 있다.

④ **논술능력**

아동들은 자신이 만든 작품을 설명하기 위해 나름대로의 논리를 세우고 이에 대한 표현을 하게 됨에 따라 논리적으로 발표하는 능력을 갖게 된다.

11) 표현력 향상

자신이 만든 요리를 통해 상상력이나 창의력 등을 펼치면 다양한 표현이 가능해진다.

- 요리를 만들기 전
- 만드는 중간
- 요리를 만든 후

아동요리 지도사의 질문을 통해 언어로 표현하는 능력을 향상시킬 수 있다.

12) 창의력 증진

예상하지 못했던 문제 상황에서 해결을 위한 아이디어를 도출하는 창의적 사고능력이 필요한 요리 활동은 보다 독창적이며 질적으로 우수한 사고를 산출하는 데 효과적임을 알게 된다. 그리고 만드는 과정에서 방법이나 숙련도에 따라 결과가 다양해지는 것을 느끼게 된다.

13) 발표력 향상

요리 활동 과정 중에 교사가 만든 후의 제작의도, 만드는데 들어간 재료, 제작방법, 맛있게 만드는 방법, 누구를 위해 만든 것인지를 질문한다면 아동의 사고를 지속적으로 자극하게 된다.

14) 정서 발달

요리는 결과물을 얻기 위한 과정을 통하여 정성을 들이는 인내심을 기르게 된다. 또한 요리 과정을 통해 교사에 대한 신뢰감을 갖게 되고 남을 인식하게 되며, 자신의 창작품을 통해 자아존중감과 같은 정서가 발달하게 된다.

15) 스트레스 해소

아동들도 부모의 지나친 학습 요구와 좌절, 자신에 대한 부정적인 생각과 감정, 자신의 신체 변화, 친구들과의 문제, 안전하지 못한 생활환경, 부모의 별거나 이혼, 가족의 만성적인 질병이나 심각한 문제, 이사와 전학 등의 힘겨운 요소에 의해 다양한 스트레스를 경험하게 된다.

이러한 스트레스로 인하여 발생하는 정신적 부담감이나 신체적 어려움이 재료들을 다듬고 씻고 자르며 요리를 만들어나가는 과정을 통해서 어느 정도 해소될 수 있다.

chapter 2 아동요리 지도의 실제

1 아동발달단계에 따른 요리 지도

2 연령대별 아동요리 지도교안의 예

3 요리 활동을 위한 준비

chapter 2

아동요리 지도의 실제

1 아동발달단계에 따른 요리 지도

아동의 발달단계에 따라 아동요리 프로그램을 적용한다면 1~2세는 요리 재료를 통한 놀이 활동이기 때문에 '놀이요리', 3~5세는 기초 학습능력을 키우는 것을 돕기 위한 것으로 '인지감각요리', 6~7세는 본격적으로 학습에 관련된 능력을 키우기 위한 '문화 · 사회관계 향상요리', 8세 이상은 고차원적인 사고력을 요하는 논리력, 상상력, 창의력을 키우기 위한 '창의와 논리력 향상요리'로 분류해 볼 수 있다.

프로그램의 분류는 목표를 기준으로 하여 아이의 발달 수준에 따라 일반적인 프로그램의 예를 제시한 것이므로 아이의 발달 수준에 따라서 목표나 프로그램을 변경할 수 있으며, 프로그램의 난도는 발달 수준이 높을수록 높고, 상급 프로그램은 하위의 모든 목표를 포함하고 있다. 따라서 같은 나이라고 해도 발달 수준이 빠른 아이에게는 상급 프로그램으로 진행할 수 있으며, 발달 수준이 낮은 아이에게는 적정한 프로그램으로 변형하여 진행해야 한다.

| 표 2-1 | 발달단계에 따른 요리 지도 분류

나 이	상황	목 표	활 동
1~2세	신체의 급속한 발달 정서표현 가능, 외부의 자극에 대해 민감	• 오감자극 • 대근육 • 소근육 • 균형감각 • 협응력	식자재(예: 곡물류)를 이용한 놀이요리
3~5세	감정의 변화가 심함 신체운동능력	• 신체기능 발달 • 미술 • 수학 • 과학 • 성취감 • EQ • 사회성	인지감각요리
6~7세	신체기능 발달, 언어구사력이나 사고력 발달	• 신체기능 정교화 • 학습능력 • 예절 • 청결의식 • 바른생활 • 협동력 • 인내	문화 · 사회관계 향상요리
8세 이상	언어구사력이나 사고력의 구체화와 신체 활동의 정교화	• 창의력 • 논리력 • 탐구력 • 어휘력	창의와 논리력 향상요리

1) 1~2세를 위한 놀이요리

목 표	활 동
오감 자극하기	• 곡물류나 과일류를 이용한 맛, 시각, 후각, 청각, 촉각을 자극할 수 있는 다양한 재료를 선정하여 오감을 자극하며 놀이로 하는 활동
대근육 조절하기	• 요리 재료 들었다가 놓기 • 요리 재료 옮기기
소근육 발달시키기	• 요리 재료 집기 • 요리 재료 껍질 벗기기 • 밀가루 반죽하기
균형감각 기르기	• 요리 재료 수평으로 들기 • 요리 재료 수직으로 들기 • 요리 재료 같은 높이로 맞추기
협응력 기르기	• 요리 재료 크기대로 놓기 • 요리 재료 끼우기 • 요리 재료 그릇이나 컵 등에 넣기

* 재료를 입에 넣지 않도록 주의를 주고 항상 살핀다.

2) 3~5세를 위한 인지감각요리

목 표	활 동
대근육 조절하기	• 요리 활동을 통한 신체 각 부분의 움직임 알기 • 신체 각 부분의 특징을 활용하여 요리 활동하기 • 요리 활동을 통한 신체 각 부분의 움직임 조절하기 • 요리 재료 섞기 • 요리 재료 다지기 • 요리 재료 반죽하기 • 도구를 활용한 다양한 조작으로 운동하기 • 요리 재료 건네기
소근육 발달시키기	• 불러 주는 요리 재료 골라 집기 • 플라스틱 칼이나 초코펜 등 간단한 도구 사용하기 • 그리기나 만들기 도구 활용하기 • 요리 재료 잡기 조작으로 운동하기
협응력 기르기	• 요리 재료 깎기 • 요리 재료 자르기 • 요리 재료 썰기
균형감각 기르기	• 요리 활동 중 다치지 않는 안정된 자세 취하기 • 정확하게 작품을 만들기 위해서 신체균형 유지하기 • 가장 편한 자세 찾기 • 요리 활동의 안전을 위해 바른 자세로 앉고 서기 • 요리 활동의 안전을 위해 바른 자세로 걷기
미술의 기본 개념 익히기	• 그리기, 붙이기, 오리기, 찍기, 만들기
수학의 기본 개념 익히기	• 아라비아 숫자 만들기 • 홀수, 짝수 구별하기 • 더하기개념 익히기 • 빼기개념 익히기
과학의 기본 개념 익히기	• 촉감 구분하기 • 소리 구분하기 • 냄새 구분하기 • 색깔 구분하기 • 맛 구분하기
EQ 높이기	• 성취감 느끼기 • 창의력 높이기 • 자신감 키우기 • 사고력 키우기 • 집중력 높이기 • 계획 세우기 • 표현력 키우기 • 실천력 키우기
사회성 키우기	• 친구 발표 경청하기 • 공동으로 만들기 • 공동으로 정리하기 • 성실성 키우기 • 협동심 키우기 • 인내심 키우기

3) 6~7세를 위한 문화 · 사회관계 향상요리

목표	활동
수학의 개념 익히기	• 분류하기 • 순서짓기 • 기초적 측정하기 • 시간에 대한 기초 개념 알기 • 공간과 도형의 기초 개념 알기 • 기초적인 통계와 관련된 경험하기
미술의 개념 익히기	• 색의 혼합 알기 • 부조 만들기 • 소조 만들기 • 조각 만들기 • 입체 도형 만들기 • 공간지각능력 익히기
과학의 개념 익히기	• 신체 각 부분의 명칭 알려 주기 • 신체를 만드는 영양소나 요리 재료 연관시켜 알기 • 신체 각 부분의 구조와 기능 알기 • 신체에 필요한 영양소 알려 주기 • 작품을 만들면서 자신의 신체능력을 긍정적으로 인식하기 • 요리 재료 관찰하고 특성 알기 • 물의 역할 알기 • 요리 도구 사용법 알기
예절로 사회관계 익히기	• 바른 자세와 태도로 식사하기 • 어른 먼저 식사하기
청결 · 관리 익히기	• 요리하기 전 손 닦기 • 자기 주변 깨끗이 하기
바른 식생활문화 익히기	• 음식물의 필요성 알기 • 음식물 골고루 먹기 • 음식물 소중히 여기기

4) 8세 이상을 위한 창의와 논리력 향상요리

목 표	활 동
창의력 높이기	• 주변 상황에 대한 관심 갖고 탐색하기 • 새로운 요리 재료 제공하기 • 새로운 요리 방법 알기 • 다양하게 생각하기 • 독특하게 생각하기
논리력 높이기	• 문제 해결하기 • 공간지각능력 높이기 • 다양한 제작 방법 알기 • 다양한 결과 있음 알기 • 이야기 만들기 • 작품 결과 설명하기 • 원인과 결과 설명하기
탐구력 높이기	• 유추하기 • 관찰하기 • 비교하기 • 규칙 찾기 • 기억하기 • 자기 주도적으로 하기 • 변화 인식하기
어휘력 높이기	• 만든 목적 말하기 • 사용한 재료 말하기 • 만드는 방법 말하기 • 사용한 도구 말하기

2 연령대별 아동요리 지도교안의 예

1) 1~2세를 위한 놀이

꽃 주먹밥 만들기

생활주제	• 물질의 변화 • 시각적 자극(색깔 구분)
활동 목표	• 물질의 크기를 통하여 크고 작은 것을 알게 한다(협응력 기르기). • 시각적 색깔 구분을 통하여 다양한 색을 알 수 있다(오감 자극하기).
준비물	밥 200g[양념가루(후리가케), 소금, 참기름] • 빨간색 – 백년초가루(5g) • 노란색 – 단호박가루(5g) • 초록색 – 녹차가루(5g) • 검은색 – 흑임자가루(5g) 단무지(꽃술로 만들어 준비)
준비도구	볼(중) 4개, 위생장갑, 플라스틱 원통(지름 3cm), 주걱, 가위, 도마
준비하면서 묻기	• 밥이 어떤 예쁜 색으로 입혀져 있나요? • 꽃모양은 어떻게 생겼나요?
요리하면서 묻기	• 색깔별로 구분해 볼까요? • 크기가 같은 것끼리 구분해 볼까요?
요리를 만들고 난 후에 묻기	• 어떤 색이 예뻤어요? • 예쁜 꽃모양으로 만들어졌나요? • 밥을 만져 보니 느낌이 어떠했나요?
만드는 방법	① 밥을 4등분하여 각각의 준비한 재료를 넣어 주걱으로 고루 버무려 섞어 놓는다. ② 지름 3cm 크기의 플라스틱 통에 밥을 넣고 가볍게 눌러 모양을 만든다. (통이 없으면 밥을 조금씩 떼어 둥글게 빚는다.) ③ 단무지는 넓게 썰어 가위로 칼집을 넣어 말아 준비한다. ④ 완성된 접시에 ②를 동그랗게 담아서 준비하고 가운데 단무지를 넣어 장식한다.

2) 3~5세를 위한 놀이

과일 샐러드

생활주제	• 크기에 대한 개념 알기
활동 목표	• 덧셈과 뺄셈을 할 수 있다(수학의 기본 개념 익히기). • 과일의 다양한 맛을 알 수 있다. • 과일을 자를 수 있다. • 과일 샐러드를 만들 수 있다.
준비물	키위 1/2개, 방울토마토 10개, 바나나 1/2개, 파인애플 1조각, 아몬드 또는 호두 소스(마요네즈 3Ts, 설탕 1Ts, 식초 1/2Ts)
준비도구	볼 2개, 위생장갑, 칼, 도마, 스푼
준비하면서 묻기	• 과일의 종류에는 무엇이 있나요? • 가장 좋아하는 과일은 무엇인가요? • 과일로 만들 수 있는 음식은 무엇이 있을까요?
요리하면서 묻기	• 각 과일 껍질의 촉감은 어떠한가요? • 껍질까지 먹는 과일은 무엇이 있나요? • 어떠한 과일이 썰기 편한가요?
요리를 만들고 난 후에 묻기	• 과일별로 몇 개가 나왔나요? • 과일의 색이 몇 가지 들어갔나요? • 가장 작게 자른 과일은 무엇일까요?
만드는 방법	① 과일은 흐르는 물에 깨끗이 씻어서 준비한다. ② 과일의 껍질을 벗겨 먹기 좋은 크기로 썰어 준다. ③ 마요네즈와 설탕, 식초를 합하여 소스를 만든 후 과일을 넣고 버무린다. ④ 준비한 과일을 접시에 담고 아몬드 또는 호두를 뿌려 완성한다.

크리스마스 주먹밥

생활주제	• 수에 대한 개념 알기
활동 목표	• 덧셈과 뺄셈을 할 수 있다(수학의 기본 개념 익히기). • 공작을 할 수 있다(미술의 기본 개념 익히기). • 주먹밥을 만들 수 있다(대근육 조절하기).
준비물	밥 200g[양념가루(후리가케), 소금, 참기름] • 초록색 – 다진 호박 볶은 것 2Ts, 다진 깻잎 2Ts, 녹차가루 2Ts 달걀 황백지단, 슬라이스 햄(데쳐서 준비)
준비도구	볼 3개, 위생장갑, 가위, 칼, 장식틀, 주걱, 도마
준비하면서 묻기	• 쌀로 어떠한 음식을 만들 수 있나요? • 들어가는 재료들의 종류가 몇 가지일까요?(덧셈) • 재료들 중 빨간색은 몇 가지인가요?
요리하면서 묻기	• 밥의 느낌이 어떠한가요? • 어떠한 재료를 넣으면 녹색이 더 잘 나올까요? • 크리스마스에 받고 싶은 선물이 무엇인가요?
요리를 만들고 난 후에 묻기	• 트리에 매달려 있는 초록주먹밥은 몇 개일까요? • 깻잎, 호박, 녹차가루 중에서 어떠한 것이 맛있을까요? • 어떠한 모양으로 장식을 하였나요? • 장식한 선물은 몇 개인가요?
만드는 방법	① 볼에 밥을 나누어 담고 초록색을 나게 하는 각각의 재료를 혼합한 후 2cm 정도의 작은 원으로 만든다. ② 완성접시에 달걀지단채를 깔아주고 ①을 트리 모양으로 장식하여 준비한다. ③ 달걀 황백지단과 햄으로 모양을 가위로 오리거나 장식틀로 찍어서 ②에 장식한다.

3) 6~7세를 위한 놀이

가족 얼굴 피자

생활주제	• 수의 개념 알기
활동 목표	• 나누기를 할 수 있다. • 피자를 만들 수 있다.
준비물	또띠아 1장, 토마토케첩, 모짜렐라치즈 3Ts, 반죽 5g, 파프리카(색별로 작은 크기에 원 모양이 나오도록 3개씩), 양송이버섯 2개, 브로콜리 2~3개, 방울토마토 2개,
준비도구	위생장갑, 칼, 완성접시, 도마, 스푼
준비하면서 묻기	• 나누기는 왜 필요할까요? • 오늘은 기분이 어떠한가요?
요리하면서 묻기	• 피자에 무엇부터 올리는 것이 좋을까요? • 가족들의 최근 인상이 어떠했나요? • 가족들 중에 잘 웃는 사람은 누구인가요?
요리를 만들고 난 후에 묻기	• 가족끼리 먹으려면 몇 조각으로 나누어야 하나요? • 피자에서 어떤 맛이 나요? • 가족 중 누가 가장 잘 표현되었나요?
만드는 방법	① 또띠아에 토마토케첩을 얇게 발라준다. ② 모짜렐라치즈를 얹어 준다. ③ 기다란 밀가루 반죽을 가족의 수만큼 등분하여 둥글게 밀어 또띠아 위에 얹는다. ④ 가족의 얼굴을 여러 가지 재료로 표현해 본다. ⑤ 프라이팬을 달군 후 ④를 담고 2~3분간 뚜껑을 덮은 채 익힌다.

뽀로로 주먹밥 만들기

생활주제	• 부조의 개념 알기
활동 목표	• 사물을 입체적으로 분석할 수 있다. • 조형능력을 키울 수 있다. • 창의적으로 표현할 수 있다. • 부조의 개념을 설명할 수 있다.
준비물	밥 200g[양념가루(후리가케), 소금, 참기름], 달걀 황백지단(볶은 달걀) 1개 분량, 당근(원 2개), 검은 올리브, 파슬리, 김
준비도구	위생장갑, 칼, 완성접시, 도마, 스푼, 가위
준비하면서 묻기	• 만화 주인공 중 누구를 좋아하나요?
요리하면서 묻기	• 원하는 모양대로 잘 오려지나요? • 다른 재료들은 무엇이 적당할까요? • 주인공의 특징이 무엇일까요?
요리를 만들고 난 후에 묻기	• 붙이는 순서를 알겠어요? • 주인공 얼굴을 잘 표현했나요?
만드는 방법	① 완성접시에 파슬리를 담아둔다. ② 일부 밥을 얼굴 모양으로 만들어 ①에 올려놓는다. ③ 노란 지단을 잘라 모자를 만들어준다. 노란 지단은 볶은 달걀로 대체할 수 있다. ④ 당근, 올리브, 김 등으로 얼굴을 표현한다. ⑤ 하얀 지단을 둥글게 잘라 입을 표현한다. 하얀 지단은 흰밥으로 대체할 수 있다.

4) 8세 이상을 위한 놀이

태극 샐러드 만들기

생활주제	• 논리력 높이기 • 탐구력 높이기
활동 목표	• 3·1절 의미에 대해 알 수 있다. • 태극기의 의미에 대해 이야기할 수 있다.
준비물	삶은 감자 1개, 달걀 흰자 1개, 마요네즈 2Ts, 블루베리잼, 딸기잼, 건포도 20개 정도
준비도구	볼, 위생장갑, 위생봉지, 완성접시, 스푼, 장식틀
준비하면서 묻기	• 3·1절이 어떤 날일까요? • 태극 모양은 어떻게 생겼나요?
요리하면서 묻기	• 원하는 모양대로 잘 만들어지고 있나요? • 다른 재료들은 무엇이 적당할까요?
요리를 만들고 난 후에 묻기	• 3·1절은 우리나라 역사에서 어떤 날인가요? • 또 다른 역사적인 날은 어떤 날이 있을까요?
만드는 방법	① 껍질이 제거된 감자와 삶은 달걀 흰자를 봉지에 넣은 후 주먹으로 으깨서 준비한다. ② 볼에 ①과 마요네즈를 넣어 섞어 준 후 완성접시에 납작하게 담아낸다. ③ 장식틀을 가운데에 두고 블루베리잼과 딸기잼을 스푼으로 반반씩 담아낸다. ④ 건포도로 괘를 표현한다.

3 요리 활동을 위한 준비

1) 환경 준비

요리 활동을 위한 영역은 평소 역할놀이 영역이나 다른 영역으로 운영되던 곳을 임

시로 바꾸어서 구성하는 것이 좋으며, 요리 활동의 종류에 따라 물이나 전기 사용이 가능한 곳이면 더 편리하다. 모든 아동들이 한꺼번에 요리 활동에 참여하지 않더라도 진행 상황을 볼 수 있도록 교실에서 자유선택활동 시간 중에 진행하는 것이 바람직하다.

요리 활동은 아동들이 매우 좋아하는 활동인 반면 자칫하면 소란스러워지고, 안전사고의 위험도 있으므로 전체 아동이 한꺼번에 하기보다는 가능하면 몇 조로 나누어 소수로 진행하는 것이 좋다. 각 조의 인원은 요리 활동을 진행하는 시기와 아동들의 연령, 아동들의 친숙도, 요리 방법의 난도 등에 따라 달라져야 할 것이다.

또한 요리 활동이 항상 아동들에게 새롭고 흥미 있는 활동으로 소개될 수 있도록 계획하기 위하여 요리 순서도를 활용한다. 요리 순서도는 아동이 요리 활동의 내용과 방법을 쉽게 이해할 수 있게 할 뿐 아니라 아동의 읽기 발달에도 도움을 줄 수 있다.

실제 요리 활동을 할 때에는 청결과 안전, 적절한 용기의 선택이 매우 중요하다. 요리를 하기 전에 책상을 깨끗이 닦고 청결한 덮개를 깔아놓으며, 손 씻기와 앞치마 입기도 강조한다. 한편 아동에게는 날카로운 칼보다는 끝이 둥근 과도나 플라스틱 빵칼과 같이 위험이 배제된 도구를 제공한다. 그리고 불을 사용하는 요리일 경우에는 교사가 적절히 개입하여 아동이 직접 실험하고 조작해 볼 수 있는 기회를 배려하면서도 적절히 제한하도록 한다.

아동들과 함께 요리 활동을 하기 위해 필요한 도구의 예는 다음 표 2-2와 같다.

| 표 2-2 | 요리 활동에 필요한 도구

구분	종류
요리용 일반 도구	도마, 칼, 나무젓가락, 숟가락, 조리접시(대, 중, 소), 끝이 둥글고 톱니가 있는 과도 또는 플라스틱 빵칼, 우묵한 그릇(대, 중, 소), 쟁반, 찜통이나 큰 냄비, 프라이팬, 체, 바구니, 주걱, 국자, 집게, 뒤집개, 가위, 깡통따개, 모양찍기틀, 거품기
측정을 위한 도구	계량컵(200cc), 계량스푼[Ts(큰술): 15cc, ts(작은술): 5cc], 저울, 시계
열 사용을 위한 도구	핫플레이트, 전기 프라이팬, 전자레인지, 오븐, 토스터기
청결을 위한 도구	앞치마, 머리 수건, 위생장갑, 행주, 스펀지, 요리용 책상 덮개, 세제
요리용 기계	믹서, 블랜더

2) 교사의 역할

본서에서는 요리 활동을 진행하기 위한 전반적인 계획과 운영에 대하여 안내하고 있지만 각 기관의 상황과 아동들의 개별적인 특성을 다음과 같은 측면에서 다시 한 번 점검하고 진행하도록 한다.

사전계획 시 고려할 점

① 요리 활동을 실시하는 아동의 연령과 시기 및 학기를 고려한다.
② 각 아동의 음식에 대한 기호와 알레르기 등을 파악한다.
③ 아동교육기관의 시설과 조리도구 등을 점검한다.
④ 아동들과 함께 의논하여 어떤 요리를 할 것인지 정한다.
⑤ 정해진 요리 활동의 주된 목표를 설정한다.
⑥ 조리 방법을 선택한다.
⑦ 아동을 요리 활동의 전 과정에 참여시킬 것인지 또는 일부 과정에만 참여시킬 것인지 결정한다.
⑧ 한 조당 참여시킬 인원을 결정한다.
⑨ 몇 조로 나누어 요리할 것인지를 아동들에게 알리고, 자기가 원하는 조를 스스로 선택하여 표시하도록 한다.
⑩ 필요한 재료와 적합한 요리 도구를 준비한다.
⑪ 교사가 사전에 활동을 해 보고 활동의 적절성과 활동상의 유의점, 안전에 대한 주의점 등을 발견하여 실패가 없도록 한다.
⑫ 요리 재료와 과정을 나타낸 요리 순서도를 준비한다.
⑬ 아동들과 함께 요리 활동의 계획을 세운다.

요리 활동 전개 시 유의점

첫째, 과정의 각 단계는 간단하게 제시한다.

교사가 아동에게 요리 과정에 대해 설명할 때에는 직접 할 수 있는 범위 내에서 쉽게 알아들을 수 있도록 구체적이고 간단하게 이야기한다.

둘째, 요리를 하면서 아동과 많은 대화를 나눈다.

요리 과정에서 재료를 탐색하고 다루는 방법, 관찰한 내용 등에 대해 교사가 질문하고 함께 이야기를 나눠보면서 아동은 보다 구체적으로 과학적 지식을 습득하게 된다. 또한 교사는 아동의 식성과 식습관, 영양상태 등을 파악하고 개선할 수 있는 기회를 가질 수 있게 된다.

셋째, 감각기관을 사용하게 한다.

아동은 다섯 가지의 감각을 이용하여 주변을 탐색하면서 많은 것을 배우게 된다. 그러므로 교사는 아동이 시각, 청각, 후각, 미각, 촉각을 모두 이용하여 요리 재료의 변화과정을 받아들이고 표현하도록 돕는다. 단순히 "어떠니?", "어떻게 되었니?"라는 질문보다는 "어떤 냄새가 나니?", "만져보자. 느낌이 어때?"와 같이 구체적으로 관찰하는 방법을 제시해 준다.

넷째, 안전사고를 예방한다.

요리 과정에서 아동은 자르거나 썰고, 끓이거나 볶는 등 여러 가지 위험요소를 갖고 있는 도구들을 사용하게 된다. 교사는 요리 도구를 사용하기 전에 반드시 정확한 사용방법과 주의해야 할 점을 아동들에게 알려 주어 활동 중에 안전사고가 발생하지 않도록 각별히 신경 쓴다.

다섯째, 모든 순서와 절차에 아동이 적극적으로 참여하도록 격려한다.

교사는 아동들이 요리 활동을 진행하는 속도에 맞추어 그때그때 해야 할 일들을 정확하게 알려 주어 아동들이 무엇을 해야 할지 망설이거나 흥미를 잃지 않게 한다. 이를 위해서 요리 순서도를 적극 활용한다.

여섯째, 요리 도구를 아동이 다양한 방법으로 탐색할 수 있도록 한다.

요리 활동을 하기 전에 필요한 요리 도구들을 아동이 직접 살펴보며 그 특징과 사용방법을 탐색해 볼 수 있도록 소개하는 시간을 갖는다. 그리고 필요에 따라서는 요리 활동이 끝난 후에도 사용했던 요리 도구들을 과학 영역에 전시하여 아동들이 다양한 방법으로 탐색해 볼 수 있도록 한다.

일곱째, 요리 활동을 마친 후 요리 과정을 평가해본다.

요리 활동 과정과 결과에 대한 전반적인 평가를 해본 후 음식과 맛에 대한 평가, 위생과 안전에 대한 주의를 재강조할 수 있다.

여덟째, 요리 방법을 회상하고, 가정에서도 실시해 볼 수 있도록 돕는다.

아동교육기관에서 실시한 요리 활동을 아동들이 부모와 함께 가정에서도 해보게 한다면 일회적인 경험에 그치지 않고 보다 확장된 경험으로 발전시킬 수 있다. 매달 가정으로 보내는 월 생활 예정안이나 별도의 가정통신문을 이용하여 아동교육기관에서 실시했던 요리 활동을 소개해 줄 수 있다.

chapter 3 요리 활동의 전개

1. 바나나우유
2. 과일주스
3. 고구마경단
4. 얼음과자
5. 영양꼬치
6. 오미자화채
7. 복숭아젤리
8. 떡볶이
9. 롤샌드위치
10. 모양과자
11. 삼색주먹밥
12. 채소샐러드
13. 김밥
14. 베트남쌈
15. 어묵잡채
16. 영양전
17. 짜장면
18. 화전
19. 피자토스트
20. 호박죽

1 바나나우유

활동 연령 3~4세　　활동 시기 연중

활동 목표

- ☆ 과일의 형태와 맛, 냄새에 대해 안다.
- ☆ 우유가 몸에 좋은 음식임을 알고 잘 먹는다.
- ☆ 물질의 혼합된 상태를 탐색한다.

준비물(20명 기준)

★ 재료

우유 3L, 바나나 10개

★ 도구

도마, 과도, 컵, 믹서

만드는 방법

1 바나나 껍질을 벗긴다.

2 과육을 3cm 크기로 자른다.

3 믹서에 바나나와 우유를 넣는다.

4 믹서 스위치를 작동하여 바나나와 우유가 잘 섞이도록 한다.

5 컵에 담는다.

활동 방법

탐색 및 이야기 나누기

1. 흰 우유를 준비하여 아동들에게 보여준다.
2. 우유는 어떤 동물에게서 생산되는지, 우리가 먹게 되기까지 어떤 과정을 거치는지에 대하여 이야기한다.
   - Q 우유는 누구의 젖을 짠 것일까요?
   - Q 어떻게 해서 우리가 먹게 되었을까요?
3. 우유가 우리 몸의 뼈를 튼튼하게 해 주는 것을 이야기한다.
   - Q 우유는 우리 몸의 어느 부분을 특히 튼튼하게 해 줄까요?
4. 흰 우유 이외에 딸기우유, 초코우유, 바나나우유 등 다양한 맛의 우유 그림을 보여주고 자기가 가장 좋아하는 맛의 우유는 어떤 것인지 이야기해 본다.
5. 여러 가지 맛의 우유는 어떻게 만들어질지 이야기한다.
   - Q 초코우유는 어떻게 만들어질까요?

요리 활동 계획하기

1. 바나나우유를 만들어 보기로 한다.
2. 바나나우유를 만들려면 무엇이 필요할지, 어떻게 만들어야 할지 생각해 본다.

요리 활동 전개하기

1. 준비된 재료들을 탐색한다.
   - Q 바나나를 손으로 만져보자.
   - Q 바나나 냄새를 맡아보자.
2. 바나나 껍질을 벗기고 작게 자른다.
3. 자른 바나나를 우유와 함께 믹서에 넣는다. 바나나우유를 한 명씩 개별적으로 만들어 볼 경우 우유 150mL와 바나나 1/2개를 넣는다.
4. 믹서 스위치를 누른 후 우유와 바나나의 상태를 관찰한다.
   - Q 믹서를 켜면 바나나와 우유가 어떻게 될 것 같나요?
   - Q 바나나가 없어져 버렸네요? 어디로 갔을까요? 우유와 섞였군요.

Q 바나나가 우유와 섞였다는 것을 어떻게 알 수 있었나요?

Q 색깔은 어떻게 되었나요?

5. 다 만들어진 바나나우유를 컵에 따라놓고 흰 우유와는 어떻게 다른지 이야기한다.
6. 요리 활동에 대한 평가를 한다.

Q 바나나 껍질을 잘 벗길 수 있게 되었나요?

Q 바나나는 썰기 쉬웠나요?

Q 믹서는 안전하게 사용했나요?

확장 활동

1. 지금까지 먹어본 적 없는 새로운 우유를 창의적으로 고안해 보는 활동을 한다.
   (예: 젤리우유, 떡우유 등)

Tip

- 바나나우유 2/3컵을 과자 1~2개와 함께 간식으로 먹는다.
- 바나나와 우유를 섞을 때 아이스크림을 넣으면 바나나 쉐이크가 된다.
- 바나나 이외에도 계절과일인 딸기, 키위 등을 넣어 다양한 과일우유를 만들어 본다.

2 과일주스

활동 연령 3~4세
활동 시기 4월 주제 – 봄, 6월 주제 – 여름

활동 목표

- ☆ 과일이 갈리면서 변하는 과정을 인식한다.
- ☆ 여러 가지 과일의 이름과 특징을 안다.
- ☆ 요리기구의 안전한 사용법을 알고 실천한다.

준비물(20명 기준)

재료

키위 10개, 사과 5개, 생수 2L, 시럽 400mL (물 200mL, 설탕 150g)

도구

도마, 과도, 믹서, 컵

만드는 방법

1 과일은 흐르는 물에서 깨끗이 씻어 준비한다.

2 과일은 껍질을 벗긴다.

3 과일을 적당한 크기로 썰어 놓는다.

4 믹서 안에 생수와 시럽, 썰어 놓은 과일을 넣고 뚜껑을 닫는다.

5 작동 스위치를 눌러 과일이 주스가 되도록 간다.

활동 방법

탐색 및 이야기 나누기

1. 아동들과 과일에 대한 수수께끼를 하면서 과일의 특징에 대해서 알아본다.

   Q 빨갛고 아주 작은 씨가 겉에 다닥다닥 붙어있는 것은 어떤 과일일까요?

   Q 껍질에 약간의 털이 있으며 갈색인데 속은 초록빛인 과일은 무엇일까요?

2. 과일을 작은 조각으로 썰어 그릇에 담아 준비하고 눈가리개를 이용하여 맛보기 활동을 한다.
3. 과일을 그냥 먹는 방법 이외에 어떤 방법으로 먹을 수 있는지 알아본다.

   Q 과일주스, 과일아이스크림, 과일잼, 과일화채

4. 아동들이 알고 있는 과일주스의 이름을 말해보고 새로운 과일주스도 생각해본다.

   Q 자주 먹는 과일주스는 어떤 것이 있나요?

   Q 주스를 만든다면 어떤 과일로 주스를 만들면 좋을 것 같나요?

요리 활동 계획하기

1. 생과일주스를 직접 만들어 보기로 한다.
2. 제철과일을 이용하는 것이 좋으므로 과일주스 만들기를 할 경우 제철과일을 선택한다. 만약 4월이라면 딸기주스를 만들어본다.
3. 과일주스 만드는 방법을 이야기한다.

   Q 즙을 내어 먹는 방법과 과일을 갈아서 먹는 방법에 대하여 알아본다.

4. 주스를 만들 때 즙을 내는 방법보다는 과일을 갈아서 마시는 방법으로 계획한다.

요리 활동 전개하기

1. 준비된 과일을 살펴보면서 이름과 맛 등을 이야기한다.
2. 과일을 적당한 크기로 자른다.
3. 믹서를 본적이 있는지, 어디에 사용하는 기계인지 이야기한다.

   Q 이 기계를 본적이 있나요?

   Q 이름이 무엇일까요?

   Q 여기에 과일을 넣고 스위치를 누르면 과일이 어떻게 될까요?

4. 믹서를 사용할 때 이용방법과 안전에 관한 유의사항에 대해 이야기를 나눈다.

5. 아동이 믹서 안에 자기가 좋아하는 한 가지 과일과 생수, 시럽을 어느 정도 넣을지 계획해서 준비할 수 있도록 교사가 도와준다.
6. 1인분씩 키위주스를 만들 경우 키위 1/2개와 생수 100mL, 시럽 20mL를 넣었을 때 주스 맛이 적당하다. 아동들에게 넣을 양을 미리 알려주기보다는 시럽을 적게 넣었을 때와 많이 넣었을 때를 비교해 보도록 할 수 있다.
7. 믹서 스위치를 누르고 믹서가 돌아가는 형태를 관찰하면서 과일이 어떻게 될지 예측해 본다.
   - Q 믹서 스위치를 누르면 믹서 안에 있는 과일이 어떻게 움직이나요?
   - Q 과일이 어떻게 변하고 있나요?
8. 스위치를 끄고 주스를 컵에 따라 놓는다.
9. 다음에는 두 가지 과일을 넣고 같은 방법으로 주스를 만든다.
10. 주스를 컵에 따라 놓고 간식 준비를 한다.
11. 요리에 대한 평가를 한다.
    - Q 주스 맛이 어떤가요?
    - Q 생수와 시럽의 양이 적절했나요?

확장 활동

1. 작은 플라스틱통에 딸기, 키위, 사과, 포도 등의 그림을 붙여서 여러 종류의 주스 모형을 만든 후 역할놀이 영역을 준비하고 과일주스 가게 놀이를 한다.
2. 색종이와 잡지조각을 이용해서 다양한 종이로 과일 모양 콜라주를 만들어 본다.
3. 과일 그림 짝짓기 활동을 한다.

Tip

- 과일을 선택할 때 딸기는 푸릇한 꼭지에 광택이 나는 것이 좋으며 키위는 달걀 모양의 형태로 약간 무른 것이 좋다.
- 과일을 깨끗이 씻기 위해서는 먼저 식초를 조금 떨어뜨린 물에 씻은 후 흐르는 물에 헹구면 효과적이다.
- 딸기를 씻을 때 꼭지를 떼고 씻으면 꼭지 자리에 물이 들어가 딸기의 단맛을 반감시키므로 가능한 꼭지를 떼지 말고 그냥 씻도록 한다.

3 고구마경단

활동 연령 3~4세　활동 시기 11월

활동 목표

- 삶고 으깨는 과정을 통해 고구마의 변화를 인식한다.
- 소근육을 발달시킨다.

준비물(20명 기준)

재료

삶은 고구마 15개(2kg), 꿀 3Ts, 카스텔라 2개(300g), 계피가루 1/2컵, 녹두콩가루 1/2컵

도구

절구, 절굿공이, 나무주걱, 접시, 우묵한 그릇, 체

만드는 방법

1 고구마를 깨끗이 씻어 찜통에 찌거나 냄비에 넣고 익힌 다음 껍질을 벗긴다.

2 익은 고구마는 적당한 크기로 잘라 절구에 넣고 절굿공이로 으깬다.

3 으깬 고구마에 꿀을 넣고 나무주걱으로 잘 버무린 후 조금씩 떼어서 동그란 모양으로 만들어 놓는다.

4 카스텔라를 체에 쳐서 곱게 가루를 낸다.

5 3을 준비된 세 가지 가루 위에 놓고 굴린다.

활동 방법

탐색 및 이야기 나누기

1. 생고구마 3개 정도를 바구니에 담아 수 · 과학 영역에 준비하여 아동들이 고구마를 탐색하게 한다.
2. 고구마 껍질을 벗긴 후 잘게 썰어 아동들과 맛보기 활동을 한다.
   Q 한 조각씩 먹어봅시다. 어떤 맛인가요? Q 씹어 보니 어떤가요?
3. 고구마로 만든 음식을 먹어 본 경험을 이야기한다.
   Q 고구마로 만든 음식은 무엇이 있을까요?
   Q 삶은 고구마, 고구마 맛탕, 고구마튀김, 군고구마, 고구마밥, 고구마 샐러드
4. 고구마 경단 사진을 보여주면서 먹어 본 적이 있는지 이야기한다.

요리 활동 계획하기

1. 아동들과 고구마경단을 만들어 보기로 한다.
2. 찹쌀로 만든 경단 사진이나 그림을 보여주면서 이야기를 나눈다.
   Q 경단을 먹어 본 적이 있나요? 경단은 어떤 모양인가요?
   Q 경단은 겉에 무엇이 묻어 있을까요? 고구마로도 경단을 만들 수 있을까요?
3. 요리 순서도를 보여주며 고구마경단 만드는 방법에 대하여 이야기를 나눈다.

요리 활동 전개하기

1. 아동들과 함께 요리 순서도와 준비된 재료를 살펴본다.
2. 고구마는 씻어 찌거나 삶는다.
3. 찐 고구마와 생고구마를 놓고 어떻게 달라졌는지 비교해본다.
   Q 찐 고구마를 만져 봅시다. 생고구마와 어떻게 다른가요?
   Q 색깔이 어떻게 변했나요?
   Q 찐 고구마를 손으로 꾹 눌러 봅시다. 어떻게 되었나요?
4. 찐 고구마를 적당히 잘라서 절구에 넣고 아동에게 절굿공이로 찧거나 으깨게 한다.
   Q 고구마를 찧으니까 어떻게 변하고 있나요?
5. 아동들의 흥미를 끌기 위해 수수께끼로 질문하면서 꿀을 보여준다.
   Q 이것은 끈적끈적하면서 단맛이 납니다. 벌들이 꽃에서 모아주는 것이에요. 무엇일까요?

6. 으깬 고구마에 꿀을 넣어 잘 버무린다.

7. 버무린 고구마 반죽을 아동들에게 조금씩 떼어 주어 동그란 모양으로 만든다.

   Q 고구마 반죽을 손바닥 위에 놓고 굴려서 동그란 모양을 만들어 봅시다.

8. 경단 고물은 카스텔라를 체에 내려 곱게 가루 내어 만든다.

9. 고구마 반죽으로 만든 경단을 각각의 고물 위에 올려놓고 굴린다.

10. 경단을 접시에 담는다.

11. 요리에 대한 평가를 한다.

   Q 절구를 이용해서 고구마를 잘 으깰 수 있었나요?

   Q 고구마를 동그란 경단 모양으로 잘 만들 수 있었나요?

   Q 가장 재미있었던 일은 어떤 것이었나요?

확장 활동

1. 고구마경단 만들기 과정을 몸으로 표현해 본다.

2. 물을 8부 정도 담은 투명한 병에 고구마를 꽂고 검은 상자로 덮어 어두운 곳에 두면 뿌리와 싹이 난다. 이후 상자를 벗겨 창가에 두고 고구마 순을 키운다.

Tip

- 찹쌀 반죽으로 떡을 만들고, 고구마 반죽을 소로 넣어 경단을 만들 수 있다.
- 고구마의 성분은 수분 68.5%, 탄수화물 26.4%, 단백질 1.8%, 지방 0.6%이고, 프로비타민 A인 카로틴을 많이 함유하고 있으며, 그 밖에 비타민 B_1, B_2, C, 나이아신 등을 함유하고 있다. 특히 탄수화물이 다량 함유되어 있으며, 엿 · 과자 · 잼 · 당면 등의 원료가 된다.
- 고구마는 모양이 곱고 매끈한 것이 좋으며, 잔털이 많은 것은 섬유질이 많아 맛이 좋지 않다. 마른땅에서 자란 고구마가 영양분도 많고 맛도 좋기 때문에 고구마에 묻어 있는 흙을 보고 선택한다. 손끝으로 눌렀을 때 물렁물렁하거나 껍질에 검은 반점이 있는 것은 병에 걸린 것이므로 고를 때 잘 살펴보도록 한다. 고구마의 색깔은 엷은 것보다 진한 것이 좋으며, 속이 노란 것이 영양분도 많고 맛도 좋다.
- 고구마의 원산지는 중앙아메리카로서 콜럼버스가 미 대륙에 도착하기 이전에 이미 오래전부터 식량으로 재배하여 왔으며, 주정용, 전분용 등으로 사용하고 있다. 우리나라에 고구마가 처음 들어온 것은 조선시대 영조 39년(1763년)이다. 그 당시 일본에 통신사로 갔던 조엄이 대마도에서 고구마를 보고 구황작물로 중요하게 여겨 씨고구마를 들여와 동래지방 및 제주도에 심도록 한 것이 시초였다.

4 얼음과자

활동 연령 3~5세
활동 시기 7월 주제 – 여름

활동 목표

- 물이 얼음의 상태로 변하는 것을 안다.
- 손을 깨끗이 씻는 법을 안다.
- 얼음과자류를 많이 먹으면 건강을 해칠 수도 있으므로 조절한다.

준비물(20명 기준)

재료

우유 2L, 설탕 100g, 샤베트 가루 150g, 과일을 잘게 자른 조각이나 통조림과일 300g

도구

아이스 큐브 또는 얼음과자틀, 과도, 도마, 손잡이 막대, 그릇, 숟가락, 냉장고

만드는 방법

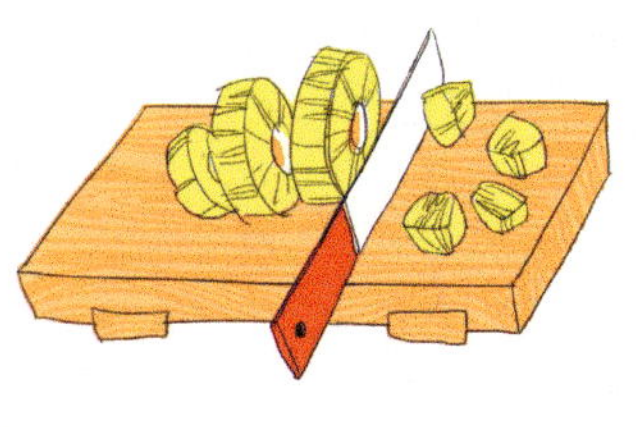

1 과일을 씻어 잘게 썬다.

2 우유에 샤베트 가루를 넣어 잘 저은 후 설탕을 넣고 젓는다.

3 2에 준비한 과일을 넣고 섞는다.

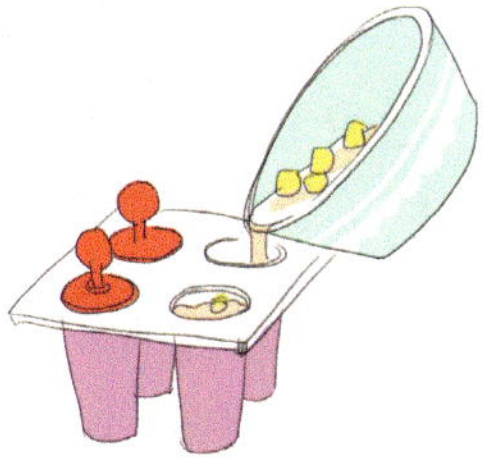

4 얼음과자틀에 3을 넣고 손잡이 막대를 꽂는다.

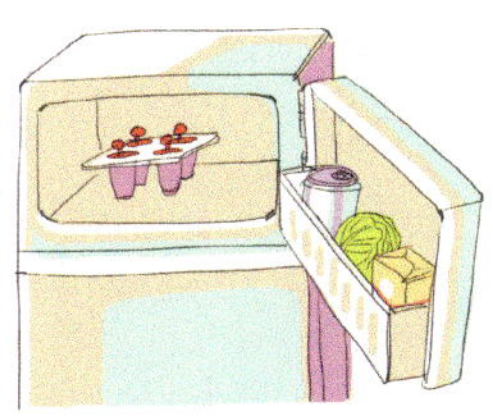

5 냉동실에 넣고 얼린다.

활동 방법

탐색 및 이야기 나누기

1. 우묵한 접시에 물과 얼음조각을 각각 담아 앞에 놓는다.
   - Q 물과 얼음의 다른 점은 무엇인가요? Q 물과 얼음의 같은 점은 무엇인가요?
   - Q 접시에 놓았던 얼음조각이 어떻게 되어가고 있나요?
2. 아이스크림이 점차 녹아가는 모습의 그림카드 4장을 순서대로 놓아 보고 이야기해 본다.
   - Q 왜 그럴까요?
3. 물을 냄비에 넣고 끓이거나 얼음을 냄비에 넣고 끓이면 어떻게 될지 이야기한 후 실제로 해 본다.
   - Q 어떻게 하면 다시 얼음을 만들 수 있을까요?

요리 활동 계획하기

1. 음식에 얼음을 넣어 먹어 본 적이 있는지 이야기한다.
   - Q 어떤 음식이었나요?(냉콩국수, 냉면, 동치미, 냉국 등) Q 맛이 어떠하였나요?
2. 여름에 더위를 식히기 위하여 어떤 음식을 먹었는지 이야기한다.
   (아이스크림, 빙수, 아이스케이크)
3. 집에서 아이스케이크와 비슷한 얼음과자를 만들어 먹어 본 경험이 있는 아동들의 이야기를 듣는다.
   - Q 얼음과자의 재료로 어떤 것이 필요한가요? Q 얼음과자를 만드는 순서를 알고 있나요?
4. 준비된 재료와 요리 순서도를 보면서 아동들과 만들기 방법을 의논한다.
   - Q 무엇이 준비되어 있나요?
   - Q 준비된 재료로 무엇을 어떻게 만들 수 있을까요? 주의해야 할 점은 무엇일까요?

   (물은 끓여서 식힌 물을 사용하거나 잘 정수된 물을 사용한다.)

요리 활동 전개하기

1. 원하는 과일을 깨끗이 씻어 잘게 자르거나 잘게 잘라진 통조림 혼합 과일을 그릇에 담아 놓는다.
2. 우유에 샤베트 가루를 넣고 잘 저은 후 설탕을 넣고 다시 젓는다.

Q 설탕을 왜 넣을까요?

3. 과일조각을 샤베트 가루를 푼 우유에 넣는다.
4. 아동들은 과일조각과 샤베트 가루를 잘 섞은 후 얼음과자틀에 숟가락으로 8부 정도 떠 넣는다.

Q 왜 8부 정도만 넣을까요? Q 가득 넣으면 어떻게 될까요?

5. 얼음과자틀의 각 칸에 손잡이 막대를 꽂는다.
(아동들과 함께 냉동실의 얼음과자틀을 깨끗이 씻은 후 사용한다.)
6. 속이 채워진 얼음과자틀을 냉동실에 넣는다.
7. 아동들과 어떻게 될지 예측해 본다.
8. 물을 얼음 통에 3/4이나 2/3 정도 넣은 후 물 높이를 색 비닐 테이프를 붙여 표시해 놓고 냉동실에서 꺼낸 후 어떻게 변하였는지 확인한다.
9. 요리 활동을 평가한다.

Q 얼음과자의 느낌과 맛이 어떠하였나요? Q 다음에는 어떤 얼음과자를 만들고 싶은가요?

확장 활동

1. 얼리기 전과 얼린 후의 차이점, 여러 종류 얼음과자의 맛, 느낌, 상태의 차이점을 비교해 본다.
2. 넣을 때 냉동실과 방안의 온도를 온도계로 재어 보고 비교해 본다.
3. 물이 어는 원리, 온도계의 눈금 읽는 법, 수 개념 등을 익힐 수 있다.
4. 바나나 껍질을 벗겨 길이를 4등분한 후 각각 막대를 꽂아 잘게 부순 콘플레이크를 골고루 묻힌 후 냉동실에서 얼려 바나나 아이스케이크를 만들어 먹어 본다.

Tip

- 얼음과자는 아동들이 더운 여름철에 간식으로 즐겨 먹는 빙과류다.
- 얼음과자 만들기 활동은 만드는 과정에 위험요소가 없고 단순하면서도 아동들이 좋아하기 때문에 더운 여름철 유치원에서 활용하기 좋은 활동이다.
- 연령에 따라 과학적 개념에 대한 이해의 차이가 있으므로 활동 목표를 다르게 설정할 수 있다.

5 영양꼬치

활동 연령 3~4세　활동 시기 5월

활동 목표

- ☆ 영양꼬치가 만들어지는 과정을 안다.
- ☆ 재료의 모양, 크기, 색 등 특성을 관찰한다.
- ☆ 다양한 음식을 골고루 먹는다.

준비물(20명 기준)

☆ **재료**

메추리알 20개, 게맛살 4줄, 오이 2개, 방울토마토 20개, 살짝 볶은 비엔나소시지 20개

☆ **도구**

도마, 과도, 대나무 꼬치

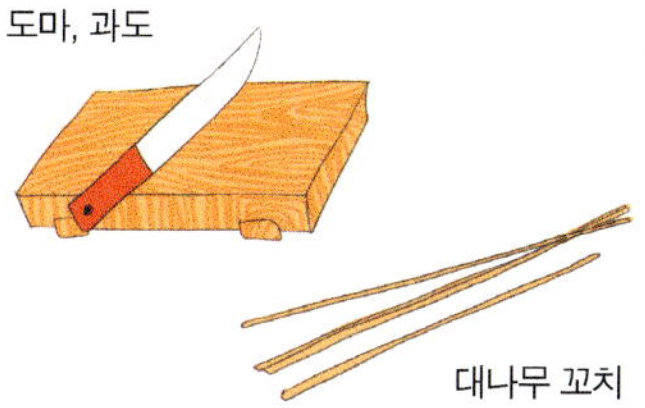

만드는 방법

1 삶은 메추리알은 껍데기를 벗긴다.

2 오이는 1cm 너비로 썬다.

3 비엔나소시지는 칼집을 넣고 게맛살은 2cm 길이로 자른다.

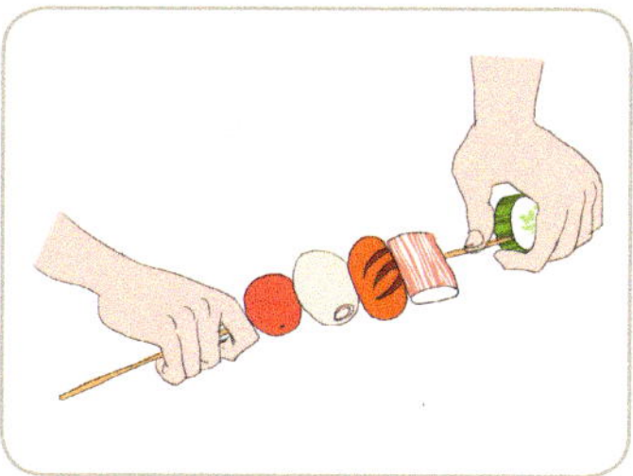

4 방울토마토, 메추리알, 비엔나소시지, 게맛살, 오이의 순서로 꼬치에 끼운다.

활동 방법

탐색 및 이야기 나누기

1. 여러 가지 알들을 관찰한다.
   - Q 무엇의 알일까요?
   - Q 크기, 색깔, 모양은 서로 어떨까요?
   - Q 쉽게 구할 수 있는 알들은 무엇이 있을까요?
   - Q 제일 크기가 작은 알은 무엇일까요?
2. 메추리알을 어떻게 요리한 것을 먹어 보았는지에 대해 이야기한다.
   - Q 어떤 요리를 해 먹어 보았나요?
3. 간단한 메추리알 요리를 할 것임을 알린다.
4. 유치원에 먼저 등원한 아동들과 메추리알을 씻는다.
5. 냄비에 물을 붓는다.
6. 메추리알이 깨지지 않게 잘 넣은 후 소금을 약간 넣고 끓기 시작하면 중불에서 5분 정도 삶는다.

요리 활동 계획하기

1. 준비되어 있는 재료를 이용하여 어떤 요리를 만들 수 있을지 예측해 본다.
   - Q 어떤 요리를 만들 수 있을까요?
2. 영양꼬치 만들기에 들어갈 재료와 요리 순서도를 살펴보면서 요리 방법에 대해 이야기한다.

요리 활동 전개하기

1. 메추리알 껍데기를 1개씩 벗긴다.
   - Q 속에 무엇이 들어 있나요?
   - Q 색깔은 어떤가요?
   - Q 달걀과 다른 점, 같은 점은 무엇인가요?
2. 교사가 준비해 준 오이를 아동들은 1cm 너비로 썬다.
   - Q 썬 오이 속에서 무엇이 보이나요?

3. 살짝 볶아 놓은 비엔나소시지에 칼집을 넣는다.

Q 무엇으로 만든 것일까요?

4. 등분되어 있는 게맛살을 2cm 길이로 자른다.
5. 대나무 꼬치에 방울토마토, 메추리알, 비엔나소시지, 게맛살, 오이의 순서로 끼운다.
6. 영양꼬치를 음료수와 함께 간식으로 먹는다.
7. 요리에 대한 평가를 한다.

Q 영양꼬치를 만들어서 먹으니 어떠했나요?

Q 또 어떤 재료의 꼬치를 만들어 볼 수 있을까요?

확장 활동

1. 요리 후 남은 채소조각을 이용하여 채소 도장을 만들어 찍기 놀이를 한다.

Tip

영양꼬치를 우유와 함께 간식으로 먹는다.

6 오미자화채

활동 연령 3~5세 활동 시기 10월

활동 목표

- 전통 음료에 대해 관심을 갖는다.
- 우리 몸에 좋은 음료와 해로운 음료를 구별한다.
- 사용한 재료와 도구를 정리 · 정돈한다.

준비물(20명 기준)

재료

오미자 2컵, 배 1개, 생수 3L, 황설탕 혹은 꿀

도구

도마, 과도, 물통, 화채 그릇, 국자

만드는 방법

1 오미자는 씻은 후 물에 하룻밤 담가 우려낸다.

2 붉은색의 오미자물이 우러나면 체 위에 면보를 올려놓고 물을 붓는다.

3 오미자물에 생수, 황설탕 혹은 꿀을 넣는다.

4 과일을 얇게 썬다(꽃모양의 틀로 찍어 얇게 썰어도 좋다).

5 오미자물을 그릇에 담고 과일을 띄운다.

활동 방법

탐색 및 이야기 나누기

1. 아동들과 함께 '음료수' 하면 떠올릴 수 있는 단어를 생각해 본다.
   - Q 8절지를 8등분한 작은 종이에 글로 쓰거나 그림으로 그려 볼 수 있다.
   - Q 아동들이 주로 마시는 음료수에는 무엇이 있는지, 우리나라 전통 음료에는 무엇이 있는지 알아본다.
2. 아동들은 준비된 과일과 오미자 열매를 탐색하고 비교해 본다.
3. 오미자를 보여주고 이야기를 나눈다. 열매를 만져보고 냄새를 맡아본다.
   - Q 본 적이 있나요? (언제, 어디에서)
   - Q 맛을 본 적이 있나요?
   - Q 오미자라는 이름의 뜻은 무엇인가요? (오미자는 우리나라 전통차를 만들 수 있는 열매로 신맛, 쓴맛, 짠맛, 매운맛, 그리고 단맛의 5가지 맛이 난다고 해서 붙인 이름이다.)
4. 빨간 사과를 물에 담그면 어떻게 될지 호기심을 자극한다.
5. 오미자 열매와 사과를 찬물에 하루 동안 각각 담가 놓고 관찰한다.
6. 하루가 지난 후 오미자와 사과를 담가 놓은 물을 비교해 본다.
   - Q 오미자물이 어떻게 되었나요? 왜 그럴까요?
   - Q 사과를 담가 놓은 물은 어떻게 되었나요?
7. 아동들이 마시는 여러 가지 음료의 색들을 떠올려 보고 오미자물과 비교해 본다.

요리 활동 계획하기

1. 여러 가지 과일을 이용한 요리 중 생각나는 것을 말해 본다.
   - Q 과일주스, 과일샐러드, 과일화채, 과일잼, 사과파이, 과일쉐이크 등
2. 아동들과 과일요리를 해 본다면 어떤 요리가 좋을지 생각해 본다.
3. 오미자물을 이용하여 오미자화채를 하기로 아동들과 결정한다.
4. 오미자화채에 어떤 과일을 넣을지 의논한다.
5. 쉽게 구할 수 있는 과일을 융통성 있게 선택한다.
   - Q 어디에서 과일을 구입할 수 있나요?
   - Q 어떤 과일을 얼마나 구입해야 할까요? (사과 2개, 배 1개)

Q 과일을 사려면 무엇이 있어야 할까요?

Q 돈을 얼마나 준비해야 할까요?

슈퍼 견학하기

1. 슈퍼의 과일 코너에는 어떤 과일들이 있는지 알아본다.

   Q 과일의 이름과 생김새는 어떤가요?

2. 아동들이 궁금한 것을 가게 주인에게 질문한다.

   Q 이런 과일들은 어디에서 생기나요? 어디에서 가져오나요?

3. 우리가 과일을 먹게 되기까지의 유통경로(과수원→중간 유통 상인→ 도매시장→소매시장)에 대해서 알 수 있다.

   Q 오미자를 사려면 어디로 가야 하나요?

   (오미자는 차 종류를 판매하는 곳이나 한약상, 건강식품 코너에서 살 수 있다.)

4. 우리가 필요한 과일과 오미자의 가격을 알아본다.

5. 아동이 오미자화채에 필요한 오미자와 사과, 배를 바구니에 담고 돈을 지불하고 거스름돈을 받는 것까지 경험해 본다.

6. 주인에게 부탁하여 작은 과일상자나 포장용기를 얻어 온다.

7. 슈퍼에 다녀와서 느낌이나 경험을 이야기한다.

   Q 슈퍼에는 어떤 물건들이 있었나요? 차 종류에는 어떤 것들이 있었나요?

   Q 견학에 대한 느낌이나 새롭게 알게 된 사실은 무엇인가요?

8. 아동들이 이야기하고 경험한 것들을 기록하게 하여 '슈퍼에서 보았던 것'이라는 주제로 작은 책을 만들어 본다.

••• 교사는 견학할 슈퍼에 미리 방문하여 주인에게 양해를 구한다.

9. 구입한 사과와 배를 흐르는 물에 깨끗이 씻어 물기를 뺀 후 그릇에 나누어 담는다.

10. 오미자를 물에 깨끗이 씻은 후 생수를 부어 담가 놓는다.

    (오미자는 끓이면 떫은맛이 우러나므로 마시기 어렵다.)

요리 활동 전개하기

1. 요리 재료인 오미자 열매, 사과, 배의 성질을 알아본다.
2. 하루 전에 우려낸 오미자물을 아동들이 맛본다.
   - Q 오미자가 어떻게 되었나요?
   - Q 색깔이 어떻게 달라졌나요?
   - Q 어떤 맛이 나나요?
3. 오미자물은 약간 떫은 듯 새콤하고 단맛이 별로 없으므로 아동들에게 달콤하게 만들기 위한 방법을 질문한다.
   - Q 단맛이 나게 하려면 어떻게 해야 할까요?
   - Q 설탕과 꿀을 넣으면 어떻게 될까요?
4. 오미자물에 황설탕, 꿀을 넣고 맛을 본다.
   - Q 맛이 어떻게 달라졌나요?
5. 화채에 넣을 과일을 알맞은 크기로 썬 후 화채 그릇에 담는다.
   - Q 어떤 크기로 썰면 좋을까요?
6. 투명한 유리그릇에 오미자물을 붓고 골고루 섞은 후 비닐 랩으로 덮어 냉장고에 둔다.
7. 그릇에 떠서 쑥떡과 함께 간식으로 먹는다.
8. 요리 활동에 대한 평가를 한다.
   - Q 과일의 종류와 양은 적절했나요?
   - Q 과일의 종류는 화채 만들기에 적합했나요?
   - Q 오미자화채를 좋아하게 되었나요?

확장 활동

1. 요리 활동이 끝난 아동들 중 원하는 아동은 '오미자화채 요리 순서도'를 그려 본다.
2. 요리한 후의 느낌을 그림이나 동시로 표현해 본다.
   - Q 각자 제일 좋아하는 과일 모양을 종이에 적어 본다.
   - Q 오미자나 과일에 대한 각자의 생각이나 느낌을 재미있는 그림이나 동시로 표현하고 교사는 공동 작품화하여 구성해 준다.

3. 아동들이 먹는 음료 중 몸에 좋은 음료와 해로운 음료를 비교해 본다.

4. 우리나라 전통 음료를 알아본다.

Q 식혜, 수정과, 오미자화채, 미숫가루 등

5. 우리나라 전통 음료는 자연재료를 이용하여 건강에 좋은 것임을 알려준다.

6. 오미자물을 진하게 우려내고, 치자 · 봉선화 꽃 · 풀잎 등을 이용한 천연염료로 한지에 염색을 하거나 그림을 그리는 활동을 해본다.

7. 역할놀이 영역에서 '과일 가게 놀이'를 할 수 있도록 계획한다.

Q 과일 가게에서 구해온 작은 과일상자와 포장용기를 내어 준다.

Q 필요한 과일은 미술 영역에서 점토로 직접 만들어서 놀이에 사용할 수 있다.

Tip

- 오미자화채는 간식시간에 음료로 마시거나 점심식사 후 후식으로 마실 수 있다. 오미자화채는 투명한 그릇에 담아내면 빛깔이 좋아 보기도 좋고 식욕을 돋울 수 있다. 과일 조각을 뜰 수 있도록 티스푼을 함께 내어준다.
- 아동 1인을 기준으로 했을 때 오미자의 양을 10g으로 하면 물의 양은 150mL 정도가 적합하다. 즉 오미자와 물의 비율은 1 : 10 정도가 좋고 1일 정도 우려내는 것이 적당하다.

7 복숭아젤리

활동 연령 3~5세　활동 시기 9월

활동 목표

- ☆ 젤리가 만들어지는 과정을 안다.
- ☆ 젤리의 상태로 변하는 과정을 탐색한다.
- ☆ 젤리를 안전하게 먹는 방법을 알고 실천한다.

준비물(20명 기준)

★ **재료**
젤라틴 가루 1봉지(170g), 뜨거운 물 3컵, 찬물 3컵, 복숭아 통조림 1캔, 황설탕 1/4컵

★ **도구**
도마, 과도, 주전자, 우묵한 그릇, 접시, 모양 그릇, 국자, 계량컵, 냉장고, 티스푼

만드는 방법

1 복숭아는 통조림에서 꺼내어 작게 자른다.

2 젤라틴 가루를 넣은 후 뜨거운 물을 붓고 젓는다.

3 2에 찬물과 통조림 국물을 붓고 저은 후 황설탕으로 맛을 조절한다.

4 여러 가지 모양의 용기에 썬 복숭아를 넣고 3을 붓는다.

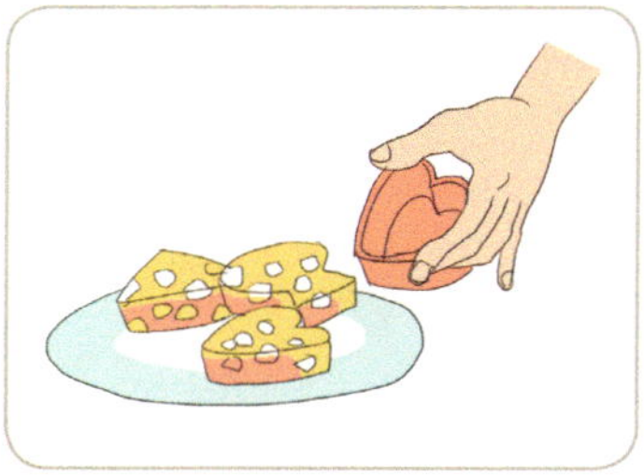

5 젤리가 굳으면 용기째 내기도 하고 용기에서 떼어 내 접시에 담기도 한다.

활동 방법

탐색 및 이야기 나누기

1. 젤리 요리를 하기 전날 교사가 미리 젤리를 만들어 두었다가 아동들이 귀가하기 전 한 쪽씩 나누어 먹으며 탐색하게 한다.
2. 다음날은 등원하는 대로 젤리 요리를 할 것임을 알린다.

요리 활동 계획하기

1. 어제 또는 전에 젤리를 먹어 본 경험을 이야기한다.
   Q 어떤 젤리를 먹어보았나요?　Q 색과 맛이 어떠하였나요?　Q 느낌은 어떠하였나요?
2. 아동들과 함께 젤리에 들어갈 과일을 정한다.
   Q 어떤 젤리를 만들까요?
3. 복숭아젤리를 만들어 보기로 정한다.
4. 복숭아젤리에 들어갈 재료와 만드는 방법에 대해 이야기를 나눈다.

요리 활동 전개하기

1. 요리 재료와 도구들을 살펴본다.
   Q 젤라틴 가루의 맛, 냄새, 촉감은 어떤가요?　Q 복숭아의 맛, 모양, 냄새, 촉감은 어떤가요?
   Q 어떤 도구들이 준비되어 있나요?
2. 생복숭아를 썰어서 접시에 담아 놓는다.
   Q 복숭아 안에는 무엇이 있나요?　Q 씨는 어떻게 생겼나요?
3. 복숭아 통조림의 국물은 체에 밭쳐 빼내고 복숭아를 잘게 썰어서 접시에 담아 놓는다.
4. 복숭아 통조림과 생복숭아를 비교해 본다.
5. 주전자에 물을 붓고 끓인다.
   Q 뜨거운 물은 왜, 언제 필요할까요?
6. 젤라틴 가루를 투명하고 우묵한 그릇에 넣은 후 뜨거운 물 3컵을 붓고 젤라틴 가루가 완전히 녹을 때까지 젓는다.
   Q 뜨거운 물을 부으니 젤라틴 가루가 어떻게 되었나요?　Q 왜 뜨거운 물을 넣을까요?
7. 여기에 찬물 3컵과 통조림 국물을 붓고 젓는다.
   Q 왜 찬물을 넣고 젓는 것일까요? (식으면 빨리 굳는다.)

8. 썰어 놓은 통조림 복숭아를 여러 가지 모양의 작은 용기에 넣은 후 젤라틴 액을 붓는다.

Q 어떤 모양에 넣고 싶은가요? Q 복숭아는 왜 넣을까요?

9. 냉장고에 넣어서 굳힌다.

Q 냉장고에 넣어 두면 어떻게 될까요?

10. 냉장고에서 굳은 젤리를 꺼낸다.

Q 굳기 전과 굳은 후는 어떻게 다른가요? Q 어떤 젤리가 되었나요?

11. 티스푼으로 조금씩 떠먹는다.

Q 젤리를 숟가락으로 떴을 때의 느낌과 모양이 어떤가요?

12. 요리에 대한 평가를 한다.

Q 맛은 어떤가요? Q 다음에는 어떤 젤리를 만들어보고 싶은가요?

13. 젤리를 만들면서 느낀 점과 만들고 난 후의 느낌을 서로 비교하면서 이야기한다.

확장 활동

1. 복숭아 외에도 밀감, 깐 포도 등의 통조림 국물을 체에 밭쳐 뺀 후 작게 잘라 다양한 과일 젤리를 만들 수 있다.
2. 젤리에 관한 동시를 아동들에게 들려주고 변형 동시를 아동들과 함께 지어 본다.

Tip

- 젤라틴은 물에 용해되기 쉽고, 냉각하면 굳어지는 겔(gel)화 작용이 강한 물질이다. 젤라틴은 따뜻한 물에 넣으면 덩어리가 흩어졌다가 식으면 다시 형태를 이룬다. 이 때 고체인 단백질의 액체방울을 에워싼 채 식은 것을 젤리라고 한다. 따라서 젤리는 고체도 액체도 아닌 반고체의 상태로, 이것을 '콜로이드'라고 한다. 젤리를 흔들면 찰랑대며 흔들리는 것도 이 때문이다.
- 직접 과즙을 내서 젤리를 만들 수도 있고 젤리를 안전하게 먹으려면 티스푼으로 잘게 잘라 떠서 먹도록 한다.
- 과일 종류로 만드는 젤리는 과즙을 짜서 다시 맑게 밭쳐 여기에 설탕을 넣어 농축시켜 응고시킨다. 시중에서 판매되는 젤리는 산 또는 교질에 전분, 산, 설탕 세 가지를 넣어 만든 것이다. 이 세 가지가 알맞은 분량으로 혼합되어야 좋은 젤리를 만들 수 있다. 과일에 따라 교질을 함유하고 있는 양은 같은데 산의 함량이 많고 적을 수 있으므로 설탕의 양을 조절하여야 한다. 산의 함유량이 같고 교질 함유량이 많을 때에는 설탕을 적게 넣어도 된다.

8 떡볶이

활동 연령 4~5세
활동 시기 12월 주제 – 겨울

활동 목표

- ☆ 우리나라 전통 음식을 안다.
- ☆ 음식의 맛을 내기 위한 양념을 안다.
- ☆ 사용한 재료와 도구를 정리·정돈한다.

준비물(20명 기준)

☆ 재료

떡볶이용 가래떡 1kg, 다진 쇠고기 300g (양념장: 간장 1/4컵, 설탕 2Ts, 다진 파 2Ts, 다진 마늘 1Ts, 깨소금 1Ts, 청주 2Ts, 후춧가루 약간), 마른 표고버섯 5장, 당근 1개, 빨간색 피망 2개, 양파 1/2개, 오이 1개, 식용유 2Ts, 참기름 1Ts, 물 1컵

☆ 도구

도마, 과도, 우묵한 그릇, 전기 프라이팬, 나무주걱

만드는 방법

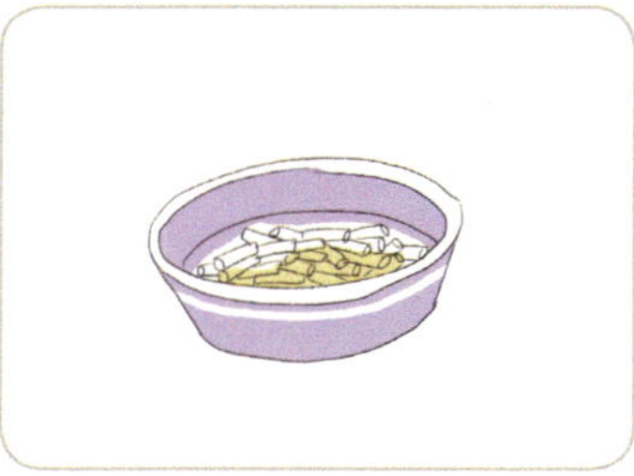

1 떡은 물에 담가 놓는다.

2 마른 표고버섯은 물에 담가 불린 다음 1cm 너비로 자르고 당근, 피망, 양파, 오이도 같은 크기로 썰어 놓는다.

3 쇠고기는 간장, 설탕, 깨소금, 후춧가루 등으로 양념한다.

4 기름 두른 프라이팬에 쇠고기를 볶다가 물을 붓고 물이 끓으면 떡, 표고버섯, 당근, 피망, 양파를 넣는다.

5 간이 잘 배도록 뒤적이다가 물이 거의 없어지면 오이와 참기름을 넣어 버무린 후 접시에 담는다.

활동 방법

탐색 및 이야기 나누기

1. 어떤 떡볶이를 좋아하는지 이야기한다.
   - Q 떡볶이를 좋아하나요?
   - Q 어떤 맛의 떡볶이를 먹어보았나요? (고기떡볶이, 고추장떡볶이, 짜장떡볶이, 카레떡볶이)
   - Q 어떤 맛을 제일 좋아하나요?
2. 다양한 요리 방법으로 만든 떡볶이 사진을 준비하고 각각의 맛을 이야기한다.
   - Q 고추장떡볶이는 맛이 어떨까요? (매운맛)
   - Q 어떤 양념으로 맛을 낸 것 같나요? (고추장)
3. 떡볶이를 만들기 위한 재료 사진을 보면서 어떤 맛의 떡볶이를 만들 수 있을지 예측해 본다.

요리 활동 계획하기

1. 떡볶이를 만들어 보기로 한다.
2. 떡볶이를 만드는 과정에 대하여 이야기를 나눈 후 요리 순서도를 살펴본다.
3. 떡볶이를 만들기 위한 도구를 알아본다.

요리 활동 전개하기

1. 요리 순서도를 살펴보고 재료를 탐색한다.
   - Q 떡볶이를 만들려면 어떻게 해야 하는지 요리 순서도를 살펴봅시다.
   - Q 어떤 재료가 준비되어 있는지 살펴봅시다.
   - Q 가래떡을 살펴봅시다. 이 떡은 무엇으로 만들어졌을까요?
   - Q 초록색 긴 것은 무엇일까요?
   - Q 주황색 채소는 이름이 무엇일까요?
   - Q 양파를 코 가까이에 대면 어떤 냄새가 날 것 같나요?
2. 재료 중 양념들의 맛에 대해서 알아본다.
   - Q 음식이 싱거울 때 무엇을 넣으면 될까요?
   - Q 고소한 맛을 내는 것은 무엇인가요?

3. 떡을 부드럽게 하기 위해서 물에 잠깐 담가 놓는다.
4. 표고버섯, 당근, 피망, 양파, 오이를 굵게 채 썰어 보도록 한다.
5. 다진 쇠고기는 간장, 설탕, 깨소금, 후춧가루 등으로 양념한다.
6. 기름을 두른 프라이팬에 고기를 넣고 볶다가 물을 붓고 떡, 표고버섯, 당근, 피망, 양파를 순서대로 넣는다.
7. 모든 재료에 맛이 들도록 중불에서 뒤섞어 가며 익히다가 물이 없어지면 오이와 참기름을 넣는다.
8. 요리에 대한 평가를 한다.
   - Q 떡볶이 맛이 어떤가요?
   - Q 지금까지 먹어 본 떡볶이와 어떻게 다른가요?

확장 활동

1. 떡볶이 이외에 떡꼬치, 떡국 등 가래떡으로 만든 다른 음식을 알아본다.

Tip

- 보리차와 함께 간식으로 먹는다.
- 고추장떡볶이, 짜장떡볶이, 카레떡볶이, 케첩떡볶이 등 다양한 맛으로 요리해 본다.

9 롤샌드위치

활동 연령 4~5세　활동 시기 9~10월

활동 목표

- 요리하는 과정을 즐긴다.
- 눈과 손의 협응력을 기른다.

준비물(20명 기준)

재료

식빵 20장, 치즈 20장, 얇게 썬 햄 20장, 얇게 썬 오이 20조각, 마요네즈

도구

도마, 과도, 호일, 숟가락, 접시

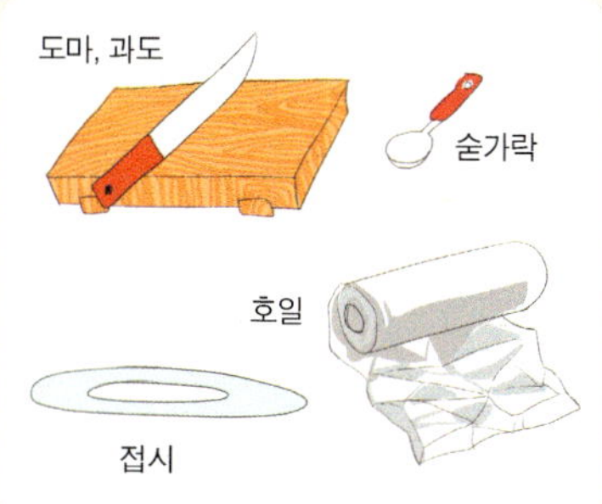

만드는 방법

1 도마 위에 식빵을 놓고 가장자리는 잘라 낸다.

2 식빵의 한쪽 면에 마요네즈를 골고루 펴 바른다.

3 햄, 오이, 치즈를 얹는다.

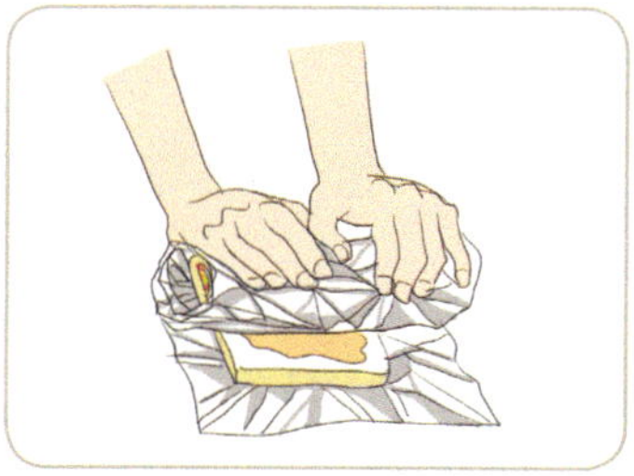

4 돌돌 만다.

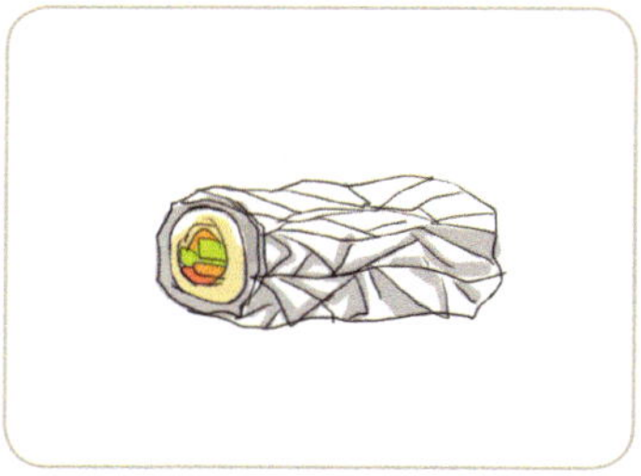

5 호일에 꼭 싸서 잠시 놓아둔다.

6 호일을 벗기고 칼로 썬다.

활동 방법

탐색 및 이야기 나누기

1. 샌드위치를 만들려면 어떤 재료가 필요한지 알아본다.
   - Q 샌드위치를 먹어 본 적이 있나요?
   - Q 어떤 재료들이 들어 있었나요?
   - Q 어떤 모양의 샌드위치를 먹어 보았나요?
2. 어떤 방법과 모양의 샌드위치를 만들 수 있는지 예측해 본다.
3. 샌드위치에 들어갈 재료와 요리 순서도를 살펴보면서 만드는 방법에 대해 이야기한다.

요리 활동 계획하기

1. 접시 위에 식빵 1장을 놓은 후 마요네즈를 숟가락으로 골고루 펴 바른다.
   - Q 식빵에서 어떤 냄새가 나나요? 무슨 색인가요? 무엇으로 만들었을까요?
   - Q 마요네즈를 왜 바를까요?
   - Q 마요네즈에서는 어떤 냄새가 나나요? 무슨 색인가요? 무엇으로 만들었을까요?
2. 햄 1장, 오이 1조각, 치즈 1장을 식빵 위에 얹어 놓는다.
   - Q 오이, 치즈, 얇게 썬 햄은 어떤 냄새가 나나요?
3. 식빵을 돌돌 말아본다.
   - Q 어떤 모양이 될까요?
4. 돌돌 만 식빵을 호일로 꼭꼭 싼다.
   - Q 왜 호일로 싸는 것일까요?
5. 호일을 벗기고 칼로 2등분한다.
   - Q 빵 안은 어떤 모양일까요?
6. 음료수와 함께 간식으로 맛있게 먹는다.
7. 요리에 대한 평가를 한다.
   - Q 롤샌드위치의 모양과 맛이 어떠했나요?
   - Q 다음에는 어떤 샌드위치를 만들고 싶나요?

Tip

- 롤샌드위치 2조각 정도를 우유와 함께 간식으로 먹는다.
- 지역과 계절에 따라 다양한 재료(잼, 과일, 고기 등)로 롤샌드위치를 만든다.
- 식빵은 토스트용으로 네모반듯한 것을 준비하여 가장자리 부분을 잘라 내고 사용하는 것이 말기에 편리하다.
- 랩으로 싸는 것이 좋으나 아동들이 싸는 것을 힘들어 하므로 호일을 사용한다.
- 샌드위치는 빵 사이에 각종 과일과 채소 등의 속재료를 넣어 만드는 것으로 영양을 균형적으로 섭취할 수 있고 간편한 것이 장점이다.

10 모양과자

활동 연령 4~5세 활동 시기 9~10월

활동 목표

- 열에 의해 물질의 상태가 변화하는 것을 이해한다.
- 과자를 만드는 과정을 즐긴다.
- 적절한 양의 과자를 조절하여 먹는다.

준비물(20명 기준)

재료

밀가루(박력분) 4컵, 베이킹파우더 1Ts, 설탕 1/2컵, 소금 1ts, 달걀 4개, 버터 6Ts, 우유 1/2컵, 초코 시럽, 식용유

도구

다양한 모양찍기틀, 계량스푼, 계량컵, 밀대, 거품기, 체, 우묵한 그릇, 오븐용 그릇, 오븐, 요리용 면장갑

만드는 방법

1 밀가루, 베이킹파우더, 설탕, 소금을 체에 넣고 친다.

2 달걀을 거품기로 젓는다.

3 버터는 중탕으로(작은 그릇에 버터를 담고 뜨거운 물에 담가 둔다.) 녹인다.

4 달걀을 푼 우묵한 그릇에 체에 친 재료와 우유, 녹인 버터를 넣고 반죽한다.

5 반죽을 밀대로 밀고 모양찍기틀로 찍는다.

6 오븐용 그릇에 식용유를 얇게 바르고 종이타월로 한 번 닦아 낸다.

7 오븐용 그릇에 틀로 찍은 반죽을 올려놓고 180℃로 예열한 오븐에서 10분 구워낸다.

8 과자가 구워지면 초코 시럽으로 장식한다.

활동 방법

요리 활동 계획하기

1. 아동들과 과자를 먹어 본 경험을 이야기한다.

   Q 어떤 과자를 만들어 먹어 보았나요? 어떤 과자를 사 먹어 보았나요?

   Q 만들어서 먹어 본 과자와 사서 먹어 본 과자의 맛이 어떻게 달랐나요?

2. 요리를 위해 어떤 것들이 준비되어 있는지, 재료와 도구를 살펴본다.
3. 각 재료, 특히 밀가루, 베이킹파우더, 설탕, 소금 등 보기에 비슷한 가루들의 색과 입자를 자세히 살펴본다. 만져 보고, 냄새를 맡아 본 후 느낌을 비교한다.
4. 각 도구의 이름, 특징이나 사용법을 이야기한다.
5. 엄마와 함께 집에서 과자를 만들어 본 경험이 있는 아동의 이야기를 듣는다.

   Q 과자를 만들려면 어떤 순서로 어떻게 할 수 있을까요?

6. 원하는 아동들은 생각한 방법을 각자 16절지에 그림으로 그려 본다.
7. 다른 아동들은 잡지 등에서 다양한 과자 그림을 오려 붙인다.
8. 역할놀이 영역에서는 밀가루 점토와 모양찍기틀을 내어 준 후 활동하게 한다.
9. 아동들이 그린 '과자 만들기 순서' 중 아동들이 생각하지 못한 부분이 있을 때에는 교사가 미리 준비한 순서도의 그림을 중간중간에 첨부하여 함께 사용한다.
10. 요리할 때 주의하여야 할 점에 대해 이야기를 나눈다.

    Q 요리 할 때 오븐의 온도는 어느 정도일까요?

    Q 오븐은 어떻게 사용해야 할까요?

11. 5명 정도 한 조가 되도록 하고 교사가 준비한 요리 활동 조 편성과 과자 모양찍기틀을 아동들이 선택해서 판에 기록하게 할 수 있다.

요리 활동 전개하기

1. 우묵한 그릇 위에 체를 놓고 밀가루, 베이킹파우더, 설탕, 소금을 정해진 분량만큼 아동과 함께 계량하여 체에 담아 내린다.

   Q 왜 체에 내리는 걸까요?

2. 다른 그릇에 달걀을 깨어 넣고 거품기로 젓는다.

   Q 달걀이 어떻게 변하고 있나요?

   Q 왜 이렇게 거품을 내야 할까요?

3. 그릇에 버터를 넣고 중탕으로 녹인다.
4. 거품을 낸 달걀에 녹인 버터와 체에 친 가루를 넣는다.

   Q 버터를 녹이지 않고 그냥 넣으면 어떻게 될까요?

   Q 녹인 버터를 넣으면 어떤 점이 좋을까요?

5. 교사가 여러 가지 재료를 어느 정도 뭉쳐질 때까지 반죽하여 충분히 섞은 후 아동들이 차례로 손으로 주물러 반죽을 한다.

   Q 반죽을 하니 어떻게 되었나요?

   Q 왜 반죽이 미끄러울까요?

6. 교사가 아동들에게 반죽을 나누어 주면 도마 위에서 밀가루 반죽을 밀대로 밀어 납작하게 만든다.
7. 아동들이 원하는 과자모양을 선택한다.
8. 오븐용 그릇에 식용유를 얇게 바른다.
9. 오븐용 그릇 위에 만든 것을 올려놓고 미리 180℃에서 10분간 예열해 둔 오븐에서 10분간 구워 낸다.

   Q 뜨거운 오븐 가까이에서는 어떻게 해야 할까요?

   Q 오븐 안에서 과자를 꺼내려면 어떻게 해야 할까요?

   (교사가 요리용 면장갑을 끼고 꺼낸다.)

11. 과자가 구워지면 굽기 전 반죽의 모양, 색깔, 냄새, 촉감과 비교하며 이야기를 나눈다.

Q 어떤 냄새, 어떤 색깔인가요?

Q 크기, 부피는 어떻게 달라졌나요?

12. 다 만들어진 과자를 접시에 담고 우유와 함께 간식으로 맛있게 먹는다.

13. 요리에 대한 평가를 한다.

Q 맛은 어떠하였나요?

Q 과자를 씹을 때 어떤 느낌이었나요?

Q 과자를 만들면서 제일 재미있었던 점은 무엇인가요?

확장 활동

1. 만든 느낌을 이야기한다.

Q 과자를 직접 만들어서 먹으니 기분이 어떤가요?

2. 다 먹고 난 후 '과자 만들기' 순서도를 각자 다시 그려본다.

3. 모아두었던 달걀 껍데기는 실외 자유선택 활동 시 절구에 빻아서 사료와 배춧잎과 섞어 닭에게 주어 튼튼한 달걀을 낳게 한다.

Tip

- 오븐이 없는 경우에는 핫플레이트에 프라이팬을 얹어서 사용하거나 전기 프라이팬을 이용하여 뚜껑을 덮고 중간불로 10분 정도 굽는다. 이 경우 아동들의 안전에 특별히 유의한다.
- 반죽의 두께는 5~7mm 정도로 하는 것이 굽기에 적당하다.
- 반죽이 질 경우 과자를 만들기 어려우므로 우유를 넣을 경우에는 반드시 버터나 달걀의 양을 조절해야 한다.
- 이외에도 초코칩, 호두나 땅콩, 건포도 등의 다양한 재료들을 사용하여 활동의 재미와 다양한 맛의 차이를 음미할 수 있도록 하면 좋다.
- 과자는 버터가 많이 들어갈수록 촉촉하면서 바삭해진다.

순서도 그리기 활동지 예시

요리명				ㅇㅇ반 이름:
활동목표				
준비물	재 료		도 구	

〈만드는 방법〉

11 삼색주먹밥

활동 연령 4~5세 **활동 시기** 5~6월

활동 목표

- 밥을 이용한 새로운 요리를 경험한다.
- 달걀과 김의 변화 과정을 탐색한다.
- 손을 깨끗이 씻는다.

준비물(20명 기준)

재료

밥 2kg, 달걀 10개, 김 10장, 볶은 깨 100g, 간 쇠고기 600g(간장 1Ts, 소금 1ts, 설탕 1ts, 후춧가루), 소금, 참기름

도구

우묵한 그릇, 전기 프라이팬, 체, 숟가락, 쟁반, 접시, 주걱

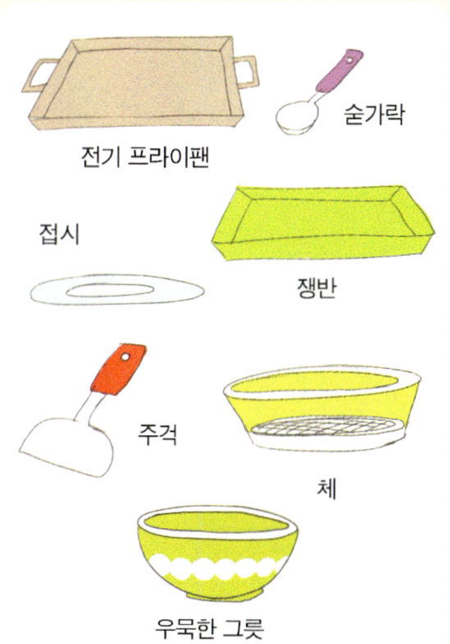

만드는 방법

1 달걀은 완숙(찬물에 넣고 끓기 시작해서부터 12분)으로 삶아 껍데기를 벗긴 후 반으로 자르고 노른자를 체에 내린다.

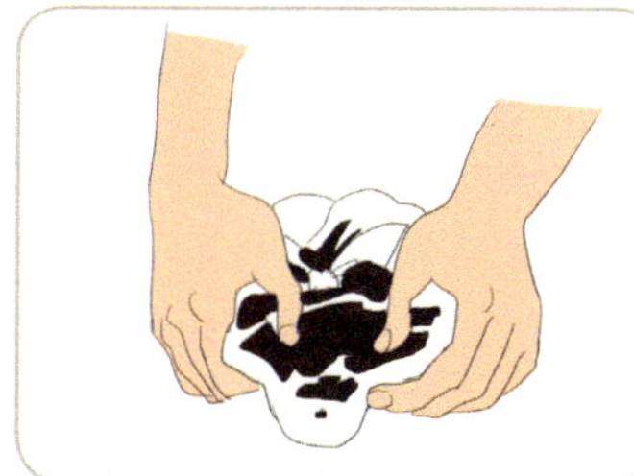

2 김은 구워 비닐봉지에 넣고 비벼서 잘게 부순다.

3 양념한 쇠고기는 기름 두른 뜨거운 팬에서 재빨리 볶아 낸다.

4 밥에 소금, 참기름을 넣고 고루 버무려 간을 하고 밥을 동그랗게 뭉친다.

5 밥에 구멍을 내고 볶은 쇠고기를 넣은 후 동그랗게 만든다.

6 5를 달걀노른자나 김 가루 또는 참깨 고물 위에 올려놓고 굴린다.

활동 방법

요리 활동 계획하기

1. 아동들이 알고 있거나 먹어본 여러 가지 밥의 종류에 대해 이야기한다.

   Q 어떤 종류의 밥이 있을까요?

   Q 반찬 없이도 간단하게 먹을 수 있는 밥은 어떤 밥일까요?

2. 어떻게 주먹밥을 만들 수 있을지 예측해 본다.

   Q 주먹밥은 어떻게 만들까요?

3. 삼색주먹밥에 들어갈 재료와 요리 순서도를 살펴보면서 요리 방법에 대해 이야기한다.

요리 활동 전개하기

1. 냄비에 물을 붓고 달걀을 넣은 후 소금을 넣고 끓기 시작해서부터 12분 정도 삶는다.
2. 삶은 달걀을 찬물에 담갔다 껍데기를 벗긴다.

   Q 껍데기 안에는 어떤 것들이 있나요?

   Q 달걀은 삶기 전과 삶은 후에 어떻게 변했나요?

3. 흰자와 노른자를 분리하여 노른자만 체에 내린다.

   Q 노른자를 체에 내리니 어떻게 되었나요?

   Q 왜 흰자는 안 쓰는 걸까요? (흰자는 밥에 잘 붙지 않는다.)

4. 열이 오른 프라이팬에서 김을 구운 후 비닐봉지에 넣고 비벼서 잘게 부순다.

   Q 열에 의해 김이 어떻게 되었나요?

5. 달구어진 프라이팬에 양념한 쇠고기를 넣은 후 뭉치지 않도록 저어가며 볶는다.

   Q 열에 의해서 쇠고기가 어떻게 되었나요?

6. 그릇에 밥을 담고 소금, 참기름을 넣어 골고루 섞는다.
7. 체에 내린 노른자, 잘게 부순 김, 볶은 참깨를 각각 넓은 쟁반에 펼쳐 놓는다.

   Q 왜 넓은 곳에 펼쳐 놓을까요?

8. 양념한 밥을 경단만 한 크기로 덜어 동그랗게 빚는다.

   Q 밥이 왜 잘 뭉쳐질까요?

9. 동그랗게 빚은 후 가운데 구멍을 만든다.
10. 구멍 안에 볶은 쇠고기를 넣어 다시 동그랗게 만든다.

11. 체에 내린 노른자, 김 가루, 볶은 참깨에 빚어 놓은 밥 경단을 올려놓고 굴린다.

Q 굴리니까 재료들이 어떻게 되었나요?

12. 다 만든 주먹밥을 종류별로 한 개씩 총 3개를 간식으로 먹는다.

13. 요리에 대한 평가를 한다.

Q 주먹밥의 맛은 어떠했나요?

Q 어떤 재료를 묻힌 밥이 가장 좋았나요?

Q 또 어떤 주먹밥을 만들 수 있을까요?

Tip

- 주먹밥은 그 형태가 여러 가지이다. 주재료가 채소일 경우에는 잘게 썰어 밥과 섞어서 주먹밥을 만들면 좋다.
- 한입에 들어갈 수 있는 경단 크기 정도면 좋다.
- 김을 부술 때는 구운 김을 비닐봉지에 넣고 부수면 편리하다.
- 찹쌀을 섞어서 밥을 하면 밥이 훨씬 잘 뭉쳐진다.

12 채소샐러드

활동 연령 4~5세
활동 시기 6~7월 – 채소가 많은 여름

활동 목표

- 채소의 종류와 특성에 대해 안다.
- 채소를 깨끗이 씻는 방법을 알고 실천한다.
- 요리하는 즐거움을 통해 채소도 즐겨 먹는다.

준비물(20명 기준)

재료

오이 4개, 양상추 1통, 당근 1개, 방울토마토 20개, 빨간색 파프리카 2개, 브로콜리 1개, 옥수수 통조림(340g) 2캔, 마요네즈 1컵, 토마토케첩 1/4컵

도구

우묵한 그릇, 주걱, 도마, 과도, 숟가락

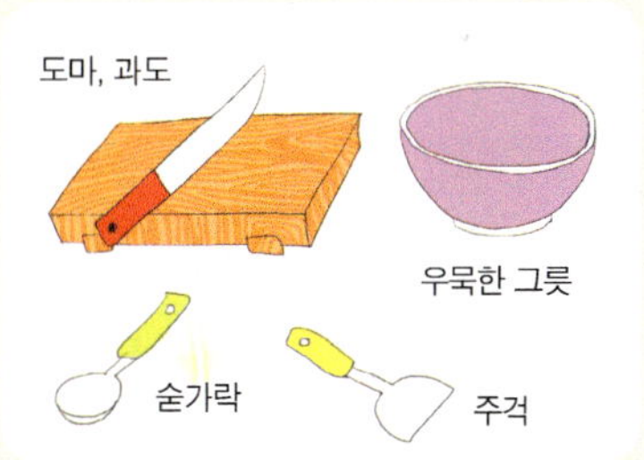

만드는 방법

1 채소는 씻어 물기가 빠지도록 체에 담아 놓는다.

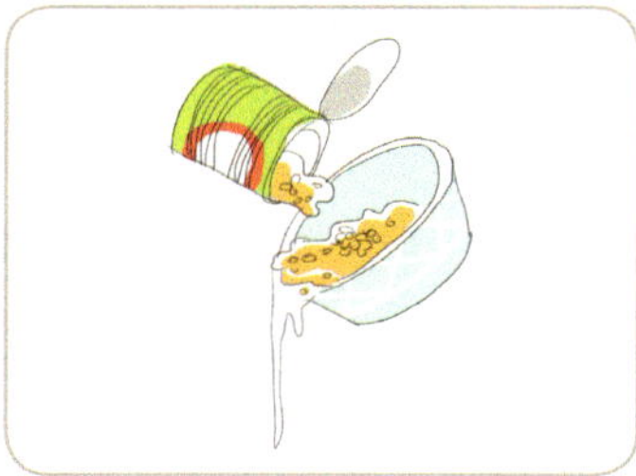

2 옥수수 통조림은 뚜껑을 열고 국물을 뺀다.

3 브로콜리는 소금 넣은 끓는 물에서 살짝 데친 후 찬물에 담갔다 건져 물기를 뺀다.

4 채소를 썬다.

5 우묵한 그릇에 마요네즈와 토마토케첩을 넣고 고루 섞는다.

6 우묵한 그릇에 준비한 채소를 넣고 섞은 마요네즈, 토마토케첩을 넣어 버무린다.

활동 방법

탐색 및 이야기 나누기

1. 계절에 따라 준비한 채소를 아동들이 실제로 크기 · 무게 등 측정하기, 촉감 느껴 보기, 냄새 맡아 보기 등의 탐색활동을 통해 경험해 볼 수 있도록 그릇에 담아 과학 영역에 전시한다.
2. 아동들과 함께 '채소' 하면 떠올릴 수 있는 단어를 생각해 본다.
3. 8절지를 16등분한 작은 종이에 글로 쓰거나 그림으로 그려 본다.
4. 과학 영역 앞에 아동들이 중집단으로 모여 앉는다.
5. 전시되어 있는 채소의 다른 점과 같은 점을 찾아본다.

   Q 다른 점은 무엇인가요?

   (색깔, 모양, 크기, 무게, 향기, 맛, 이름이 다르다. 먹을 수 있는 부분이 뿌리, 잎, 열매, 씨로 각각 다르다.)

   Q 모두 다르게 보이지만 같은 점이 있어요. 무엇일까요?

   (모두 채소이며 밭에서 난다. 모든 채소는 우리 몸에 좋은 식품이며 꼭 필요한 식품이다. 채소로 여러 가지 맛있는 요리를 만들 수 있다.)

6. 채소로 만든 음식에 대해 알고 있는 것을 이야기해 본다.

   Q 준비된 여러 가지 채소로 어떤 요리를 해 볼 수 있을까요?

요리 활동 계획하기

1. 여러 가지 채소를 이용한 요리 중 생각나는 것을 말해 본다.
   (채소주스, 채소샐러드, 채소죽, 김치, 나물무침, 국 등)
2. 아동들과 채소 요리를 해본다면 어떤 요리가 좋을지 생각해 본다.
3. 여러 가지 채소를 섞어 '채소샐러드' 요리를 하기로 아동들과 결정한다.
4. 채소샐러드에 어떤 채소를 넣을지 의논한다.
5. 쉽게 구할 수 있으면서 색이 아름답게 섞여 구미를 돋울 수 있고 영양소가 조금씩 다르면서 맛이 있는 계절 채소를 융통성 있게 선택한다.
   (오이, 당근, 양상추, 적채, 빨간색 파프리카, 브로콜리, 옥수수로 결정한다.)
6. 어디에서 채소를 구입할 수 있을지 이야기한다.

   Q 어디에서 채소를 구입할 수 있을까요?

7. 채소의 크기와 양을 고려하여 구입해야 할 수량을 정한다.

Q 어떤 채소를 얼마나 구입해야 하나요?

(오이 4개, 양상추 1통, 당근 1개, 빨간색 파프리카 2개, 브로콜리 1개, 옥수수 통조림 2통)

Q 채소를 사려면 무엇이 있어야 하나요?

Q 돈은 얼마나 준비해야 할까요?

••• 필요한 채소의 수량과 금액을 아동들이 스스로 판단하기에는 무리이므로 교사가 제시해준다.

채소 가게 견학하기

1. 채소 가게에 어떤 채소들이 있는지 알아본다.

Q 채소의 이름과 생김새는 어떤가요?

Q 각각의 채소들을 판매하는 단위는 무엇인가요?

2. 아동들이 궁금해 하는 것을 채소 가게 주인에게 질문한다.

Q 이런 채소들은 어디에서 나나요? 어디에서 가져오나요?

3. 채소를 먹게 되기까지의 유통 경로(농촌의 채소밭 → 중간 유통 상인 → 도매시장 → 소매시장)에 대해서 알 수 있다.
4. 필요한 채소의 가격을 알아본다.
5. 아동이 채소 가게 주인에게 필요한 채소를 달라고 직접 이야기하고, 돈을 지불하며, 거스름돈을 받는 것까지 경험해 본다.
6. 식품점에서 옥수수 통조림과 마요네즈, 토마토케첩을 구입한다.
7. 채소 가게를 다녀와서 견학에 대한 느낌이나 경험을 이야기한다.

Q 어떤 채소들이 있었나요?

Q 견학에 대한 느낌이나 새롭게 알게 된 사실은 무엇인가요?

8. 아동들이 이야기하고 경험한 것들을 '채소 가게'라는 주제로 공동 작업을 해 볼 수 있다.

••• 교사는 견학할 채소 가게를 미리 방문하여 주인에게 양해를 구한다.

요리 활동 전개하기

1. 요리 재료 양상추, 적채, 오이, 당근, 파프리카, 브로콜리, 옥수수의 성질을 알아본다.
2. 양상추와 적채는 잎을 떼고 오이, 당근, 파프리카는 흐르는 물에 깨끗이 씻어 체에 밭쳐 물을 뺀다. 옥수수 통조림도 체에 밭쳐 국물을 뺀다.
3. 브로콜리는 끓는 물에 살짝 데쳐 꺼낸 후 찬물에 담갔다 건져 체에 밭쳐 물기를 뺀다.
   (양상추를 씻는 것과 브로콜리를 데치는 것은 교사가 미리 해놓으면 좋다.)
4. 양상추, 적채, 오이, 당근, 파프리카, 브로콜리를 아동들이 먹기 좋은 크기로 썬다.
   (교사는 채소를 아동이 썰기 쉬운 적당한 크기로 미리 잘라 준비한다.)
5. 우묵한 그릇에 마요네즈와 토마토케첩을 넣고 고루 섞는다.
6. 크고 우묵한 그릇에 오이, 당근, 파프리카, 브로콜리와 옥수수, 적채, 양상추를 넣고 준비한 소스를 넣는다.
7. 채소와 소스를 잘 섞어 버무린다.
8. 각자 샐러드 숟가락으로 먹을 만큼 간식 접시에 덜어서 모닝빵과 함께 먹는다.
9. 요리 활동을 하고 남은 채소나 채소 껍질은 비닐봉지에 담아두었다가 동물 먹이로 제공한다.
10. 요리 활동에 대한 평가를 한다.
    - Q 채소의 수량은 적절했나요?
    - Q 채소의 종류는 채소샐러드 만들기에 적합했나요?

확장 활동

1. 요리 활동이 끝난 아동들 중 원하는 아동은 '채소샐러드 요리 순서도'를 그려 본다.
2. 요리한 후의 느낌을 그림이나 동시로 표현해 본다.
   (각자 제일 좋아하는 채소 모양 종이에 이름을 쓴다.)
3. 채소에 대한 각자의 생각이나 느낌을 재미있는 이야기로 표현한 것을 책으로 묶어 준다.

4. 역할놀이 영역에서 '채소 가게 놀이'를 할 수 있도록 계획한다.
(필요한 채소는 백화점이나 마트 등의 판촉물 책자에서 채소를 오려 스티로폼 등에 붙여 사용하거나 그려서 사용할 수 있으며 미술 영역에서 점토로 직접 만들어서 놀이에 사용할 수 있다.)

5. 채소를 이용하여 직접 제작한 테이블 동화를 들려줄 수 있다.

Tip

- 아동들은 채소를 별로 좋아하지 않는 경향이 있다. 채소를 이용한 요리 활동을 하여 아동들이 평소에 잘 먹지 않던 채소에 관심을 갖게 되고 간식으로 또는 점심식사 시 반찬으로 먹어 볼 수 있는 계기가 되어 편식을 교정할 수 있게 된다.
- 반찬으로 준비할 때는 양상추의 양을 반으로 줄인다.
- 채소샐러드에는 앞에서 제시한 재료 외에 양배추나 셀러리, 방울토마토, 삶은 감자 등 여러 종류의 채소를 곁들일 수 있다. 또한 채소와 과일을 함께 넣은 과일 채소샐러드, 달걀 · 메추리알 · 치즈 · 어묵 · 맛살 · 햄 · 닭고기 · 생선 · 해물 등을 곁들인 육류 해물 혼합 샐러드로 만들 수도 있다.
- 샐러드에 사용되는 재료는 특별히 신선하고 위생적이어야 하며 재료 및 사용되는 기구는 차게 다루는 것이 좋다.
- 샐러드는 미리 재료를 준비하였다가 식사 직전에 소스에 버무리도록 한다.
- 샐러드는 초와 산이 있는 재료를 취급하기 때문에 용기는 특히 도자기, 유리그릇이나 나무 그릇을 사용해야 하며 은제품이나 금속용기는 변색되므로 사용하지 않는 것이 좋다.

13 김밥

활동 연령 5~6세 **활동 시기** 5월, 9월

활동 목표

- 김밥이 만들어지는 과정을 안다.
- 여러 가지 재료의 혼합된 맛을 경험한다.
- 음식을 골고루 먹는다.

준비물(20명 기준)

재료
밥 10공기, 김밥용 김 20장, 햄 20조각, 당근 2개, 단무지 20조각, 달걀 9개, 시금치 1단, 소금, 깨소금, 참기름

도구
도마, 과도, 뒤집개, 우묵한 그릇, 김발, 전기 프라이팬, 냄비, 핫플레이트, 키친타월

만드는 방법

1 시금치를 데친 후 물기를 짜서 소금과 깨소금, 참기름으로 무친다.

2 그릇에 달걀을 3개씩 깨서 넣은 후 소금을 넣고 거품기로 푼다. 달구어진 프라이팬에 기름을 두르고 달걀을 넣어 익히다가 돌돌 만 후 익으면 꺼내어 길게 썬다.

3 햄은 살짝 볶고 당근은 길게 썰어 소금을 뿌려 볶고 단무지는 물기를 닦아 낸다.

4 뜨거운 밥에 소금, 깨소금, 참기름을 넣어 섞는다.

5 김을 펴 놓고 식은 밥을 골고루 편다.

6 그 위에 달걀, 햄, 당근, 단무지, 시금치를 가지런히 모아 얹은 후 돌돌 만다.

7 알맞은 크기로 썬다.

활동 방법

탐색 및 이야기 나누기

1. 소풍이나 야외에 가서 간편하게 먹을 수 있는 음식에는 어떤 것이 있는지 이야기한다.
   - Q 소풍이나 야외에 가서 어떤 음식을 먹었나요?
   - Q 간편하면서 영양이 골고루 들어 있는 음식에는 무엇이 있을까요?
   - Q 김밥에는 무엇이 들어 있었나요?
2. 역할놀이 영역에서 교구로 준비해 놓은 김밥말기 놀이를 한다.

요리 활동 계획하기

1. 김밥 만드는 방법에 대해 알아보고 아동들이 알고 있는 방법을 이야기한다.
   - Q 어떤 김밥을 먹어 보았나요? Q 김밥은 어떻게 만들까요?
2. 햄이 들어가는 김밥을 만들기로 한다.
3. 김밥에 들어갈 재료와 요리 순서도를 살펴보면서 요리 방법에 대해 이야기한다.

요리 활동 전개하기

1. 요리 재료를 살펴본다.
   - Q 시금치, 햄, 당근, 달걀, 단무지의 냄새, 촉감, 색깔은 어떤가요?
   - Q 김의 모양과 색깔, 냄새는 어떤가요?
2. 끓는 물에 시금치를 넣어 살짝 데친 후 찬물에 넣었다 건져 물기를 꼭 짜고 깨소금과 소금, 참기름으로 무친다.
   - Q 시금치를 데치니 어떻게 되었나요? Q 꼭 짜니까 어떤 물이 나오나요?
   - Q 시금치에는 어떤 영양소가 있을까요?
3. 달걀을 깬 후 그릇에 담고 소금 넣어 거품기로 젓는다.
   - Q 달걀을 깰 때의 느낌은 어떤가요? Q 달걀 안에는 무엇이 있을까요?
   - Q 거품기로 저으니 어떻게 되었나요?
4. 달걀을 부친다.
   - Q 열에 의해서 달걀이 어떻게 되었나요? Q 어떤 냄새가 나나요?
5. 햄을 길게 썰어 살짝 볶는다.
6. 당근을 길게 썰어 볶는다.

Q 열에 의해서 당근이 어떻게 되었나요?

7. 단무지는 물기를 닦아 낸다.

8. 우묵한 그릇에 뜨거운 밥을 넣고 소금, 깨소금 참기름을 넣어 가볍게 섞는다.

Q 냄새가 어떤가요? Q 어떤 맛일까요?

9. 아동들과 함께 김밥을 만다.

Q 김에다 식은 밥을 고루 펴서 놓을 때 어디까지 놓아야 할까요?

(끝에 붙일 부분이 필요하므로 윗부분에서 2cm 정도는 남겨 놓는다.)

Q 각 재료들은 어떻게 놓아야 할까요? Q 다 넣었으면 어떻게 할까요?

10. 알맞은 크기로 썰어서 접시에 담아 맛있게 먹는다.

11. 요리에 대한 평가를 한다.

Q 맛이 어떠했나요? Q 만들 때 재미있었던 점, 힘들었던 점은 무엇이었나요?

Q 다음에는 어떤 김밥을 먹고 싶은가요?

확장 활동

1. 김밥을 만들면서 또는 김밥을 먹고 난 뒤의 느낌이나 생각나는 것들을 모아 동시를 지어 본다.

Tip

- 역할놀이 영역에서 충분히 김밥말기 활동을 하고 난 뒤 요리를 하면 아동들이 쉽게 김밥을 만들 수 있다.
- 한입에 들어갈 수 있도록 김밥을 가늘게 말고 작게 썬다.
- 재료는 상황에 따라 다른 것으로 바꾸어서 한다(고기, 치즈, 참치, 김치, 오이 등).
- 도시락으로 준비해서 실외에 나가 먹으면 더욱 좋다.
- 김밥은 아동들이 즐겨먹는 음식 중 하나로 여러 가지 속재료가 들어가서 영양가도 풍부하고 만드는 과정도 재미있다.
- 잘 안 먹는 식품을 속재료로 넣어 편식을 교정하는 효과를 얻을 수 있다.
- 김은 채취시기에 따라서 가을 김, 겨울 김, 봄 김, 동지 김 등으로 나눈다. 이 중 겨울 김이 가장 맛이 있고 질이 좋다. 김은 비타민이 풍부하므로 비타민 섭취량이 부족해지기 쉬운 겨울철에 적합한 음식이다. 또 김의 고소한 향내는 식욕을 돋우는데 이것은 아미노산인 시스틴과 탄수화물인 탄닌 때문이다.

14 베트남쌈

활동 연령 5~6세　활동 시기 11월

활동 목표

- ☆ 쌀국수와 라이스페이퍼의 변화 과정을 탐색한다.
- ☆ 음식을 통해 베트남 문화를 이해한다.
- ☆ 눈과 손의 협응력을 기른다.

준비물(20명 기준)

☆ 재료

라이스페이퍼 20장, 가는 쌀국수 200g, 당근 1개, 오이 2개, 양상추 1통, 맛살 8개, 작은 칵테일새우 40마리, 적채, 닭가슴살 6쪽, 토마토 4개, 파인애플 통조림 1캔, 소스(피쉬 소스 1 1/2컵, 설탕 4Ts, 다진 땅콩 1/2컵, 다진 당근 1/4컵)

☆ 도구

도마, 과도, 냄비, 핫플레이트, 찜통, 개인용 접시

만드는 방법

1 쌀국수는 끓는 물에 넣고 2분간 삶아 찬물에 넣었다 건져 물기를 뺀다.

2 당근, 오이, 적채, 양상추는 채 썰고 파인애플도 썬다. 맛살은 썰어 가늘게 찢는다.

3 닭고기는 김이 오른 찜통에 넣고 익힌 후 식으면 손으로 가늘게 찢는다.

4 끓는 물에 칵테일새우를 넣고 데쳐 낸다.

5 소스를 만든다.

6 라이스페이퍼를 따끈한 물에 넣었다 건져 부드럽게 한다.

7 라이스페이퍼를 펴놓고 준비된 재료를 얹어 소스를 바른 후 양옆을 접은 다음 둥글게 만다.

활동 방법

탐색 및 이야기 나누기

1. 베트남을 대표하는 음식에는 어떤 것들이 있는지 소개한다.
2. 베트남쌈에 대해 아동들이 알고 있거나 먹어 본 경험을 이야기한다.

   Q 베트남쌈은 어떤 음식인가요? Q 어떤 맛일까요? 어떻게 만드는 것일까요?
3. 베트남쌈 만드는 방법에 대해 알아본다.
4. 아동들이 부모님으로부터나 책, 인터넷에서 알아 온 베트남쌈 만들기 방법에 대해 이야기한다.

   Q 베트남에서는 왜 베트남쌈을 만들어서 먹을까요?
5. 베트남 쌀과 쌀국수, 라이스페이퍼에 대해 이야기한다.

   Q 이것이 무엇일까요? Q 왜 쌀로 만들었을까요?

   (베트남에서는 많은 양의 쌀을 생산한다. 쌀을 이용하여 국수를 많이 만들어 먹는데, 쌀로 만든 얇은 껍질에 각종 채소, 고기를 함께 싸서 먹는 요리가 널리 알려져 있다.)

요리 활동 계획하기

1. 베트남쌈에 들어갈 재료와 요리 순서도를 살펴보면서 요리 방법에 대해 이야기한다.

   Q 무엇이 준비 되어 있나요? Q 베트남쌈은 어떻게 만들까요?

   Q 주의할 점은 무엇이 있을까요?

요리 활동 전개하기

1. 끓는 물에 쌀국수를 2분 정도 삶은 후 찬물에 씻어 건진 후 5cm 길이로 썬다.

   Q 쌀국수를 삶으니 어떻게 되었나요?
2. 당근, 오이, 적채, 양상추를 채 썬다.

   Q 각 채소의 모양, 색깔, 냄새는 어떤가요? Q 어떻게 먹을 수 있나요?
3. 통조림 파인애플은 4등분 한다.
4. 맛살은 5cm 길이로 썰어 손으로 가늘게 찢는다.
5. 닭고기는 김이 오르는 찜통에 넣고 익힌 후 가늘게 찢는다.
6. 칵테일새우는 끓는 물에 넣고 데친다.

Q 새우를 끓는 물에 넣으니 어떻게 되었나요?

7. 소스는 교사가 미리 만들어 준비해둔다.

Q 어떤 소스인가요? Q 무엇으로 만들었나요?

Q 맛은 어떤가요?

8. 큰 접시에 라이스페이퍼, 쌀국수, 채소 채 썬 것, 닭고기, 새우, 맛살을 모아 가지런히 놓는다.

9. 따끈한 물에 라이스페이퍼를 살짝 담갔다 건진다.

Q 물에 담그기 전과 담근 후는 서로 어떻게 다른가요?

10. 개인 접시에 라이스페이퍼를 펴고 준비된 재료를 넣어 소스를 바른 후 싼다.

11. 접시에 담아 음료수와 함께 먹는다.

12. 요리에 대한 평가를 한다.

Q 베트남쌈 맛이 어떠했나요?

Q 만들 때 재미있었던 점, 힘들었던 점은 무엇이었나요?

Tip

- 음료수와 함께 베트남쌈 1개를 간식으로 먹는다.
- 베트남쌈은 건강과 맛, 둘 다 만족시키는 베트남의 대표 요리이다.
- 최근 파스타와 함께 인기를 끌고 있는 베트남 쌀국수를 베트남어로는 '퍼'라고 한다. 쌀로 만든 면발은 칼국수처럼 넓고 투명하다.
- 파인애플 통조림 국물, 레몬즙, 피쉬소스, 당근 다진 것, 땅콩 다진 것과 설탕을 넣어 소스를 만들어 사용할 수 있다.
- 닭고기 외에 쇠고기를 사용할 수 있다.
- 아동의 입에 들어갈 수 있도록 너무 두껍지 않게 싼다.
- 쌈을 싸서 먹을 경우 각각의 채소를 부담 없이 즐겨 먹을 수 있다.
- 라이스페이퍼는 쌀을 곱게 빻아 물을 붓고 반죽해서 팬에 적당량 부어 살짝 구운 뒤 딱딱하게 말린 베트남 음식으로 함지쌈, 넵바, 인차이라고도 한다.
- 두꺼운 것은 따뜻한 물에 10초 정도 담가 부드럽게 불린 다음 1장씩 키친타월에 올려놓고 물기를 닦아서 먹고, 얇은 것은 젖은 행주에 1장씩 올려놓고 다시 젖은 행주로 눌러서 적셔 먹는다. 금방 마르기 때문에 키친타월이나 행주로 덮어 두어야 한다.

15 어묵잡채

활동연령 5~6세 활동시기 10월

활동 목표

- ☆ 당면이 변하는 과정을 탐색한다.
- ☆ 잡채가 우리나라 고유의 음식임을 안다.
- ☆ 사용한 재료와 도구를 정리 · 정돈한다.

준비물(20명 기준)

☆ 재료

흰 네모어묵 5장, 당면(소) 1봉지(간장 3Ts, 설탕 1Ts), 양파 1개, 당근 1개, 시금치 1단, 식용유, 참기름, 깨소금, 소금

☆ 도구

도마, 과도, 우묵한 그릇, 전기 프라이팬, 냄비, 핫플레이트, 나무주걱

만드는 방법

1 끓는 물에 당면을 넣고 삶아 낸 후 찬물로 헹군 다음 3등분하고 분량의 간장과 설탕으로 간한다.

2 시금치는 소금 넣은 끓는 물에 넣고 데친 다음 찬물에 헹구었다 건져 물기를 짜고 소금과 참기름으로 버무린다.

3 어묵, 양파, 당근은 채 썬 다음 프라이팬에 기름을 두르고 양파, 당근, 어묵에 소금을 넣고 각각 볶아 낸다.

4 마지막에 기름을 두르고 양념한 당면을 넣어 살짝 볶는다.

5 우묵한 그릇에 볶아놓은 재료를 합하여 담고 간장, 참기름, 깨소금으로 간하여 고루 섞는다.

활동 방법

탐색 및 이야기 나누기

1. 생일이 되면 엄마가 어떤 음식을 해 주시는지 아동들이 알고 있거나 먹어 본 경험을 이야기한다.
   - Q 오래오래 건강하게 살라고 어떤 음식을 해 주셨나요?
   - Q 잡채는 어떤 음식인가요?
   - Q 어떤 맛일까요? 어떻게 만드는 것일까요?
2. 당면을 소개한다.
   - Q 이것은 무엇인가요?
   - Q 색깔, 모양, 냄새, 촉감은 어떤가요?
   - Q 어떤 것으로 만든 것일까요?

   (국수와 당면의 차이점을 이야기해 본다.)
   - Q 당면으로 어떤 음식을 만들 수 있을까요?
3. 잡채 만드는 방법에 대해 알아본다.
4. 아동들이 부모님으로부터나 책에서 알아 온 잡채 만들기 방법에 대해 이야기한다.
   - Q 잡채는 어떻게 만들까요?
5. 아동들이 먹기 쉬운 어묵잡채를 만들기로 정한다.

요리 활동 계획하기

1. 어묵잡채에 들어갈 재료와 요리 순서도를 살펴보면서 만드는 방법에 대해 이야기한다.
   - Q 무엇이 준비되어 있나요?
   - Q 어떻게 만드는 것일까요?

요리 활동 전개하기

1. 끓는 물에 당면을 넣고 삶은 후 찬물에 헹구어 물기를 빼서 먹기 좋게 적당한 길이로 자른다.
   - Q 당면의 촉감이 어떤가요?
   - Q 당면을 삶으니 어떻게 되었나요?

Q 당면은 삶기 전과 삶고 난 후에 서로 어떻게 달라졌나요?

Q 삶은 당면을 왜 찬물에 헹굴까요? (찬물에 담그지 않으면 남은 열이 당면을 불게 한다.)

2. 끓는 물에 시금치를 넣고 살짝 데친다.

Q 끓는 물에 시금치를 넣으니 어떻게 되었나요?

Q 데치기 전과 데친 후는 서로 어떻게 달라졌나요?

3. 데친 시금치를 찬물에 헹구고 물기를 꼭 짠 후 소금, 참기름으로 간한다.

4. 어묵, 양파, 당근을 채 썬다. 당근은 아동이 채 썰 수 있도록 교사가 얇게 썰어 놓는다.

Q 어묵, 양파, 당근의 촉감, 모양, 색깔, 냄새는 어떤가요?

Q 당면의 모양과 색깔, 냄새는 어떤가요?

5. 프라이팬에 기름을 두르고 어묵, 양파, 당근을 소금으로 간을 맞추며 각각 볶는다.

Q 어묵, 양파, 당근은 익히기 전과 익히고 난 후 서로 어떻게 달라졌나요?

Q 볶으면서 어떤 냄새가 났나요?

6. 마지막에 기름을 두르고 양념한 당면을 넣어 살짝 볶는다.

7. 우묵한 그릇에 볶은 어묵, 당근, 양파, 데친 시금치, 당면을 넣는다.

8. 간장, 참기름, 깨소금으로 간한다.

Q 다 함께 섞어서 버무리니 어떻게 되나요?

9. 요리에 대한 평가를 한다.

Q 맛이 어떠했나요?

Q 또 어떤 잡채를 만들어보고 싶은가요?

Q 만들 때 재미있었던 점, 힘들었던 점은 무엇이었나요?

Q 먹을 때 어려웠던 점은 없었나요?

Tip

- 재료는 각각 볶아야 제맛이 나므로 번거롭더라도 꼭 따로 볶아서 사용한다.
- 삶은 당면은 아동이 먹기에 알맞은 길이로 짧게 자른다.
- 넣는 재료의 종류에 따라 김치잡채, 고기잡채, 해물잡채, 부추잡채 등 다양하게 만들 수 있다.
- 당면은 녹두, 감자, 고구마 등의 녹말을 원료로 하여 만든 마른국수로 중국이 원산지이며 '호면'이라고도 한다.

16 영양전

활동 연령 5~6세　활동 시기 10월

활동 목표

- 몸에 좋은 음식을 안다.
- 버섯, 채소 등 여러 가지 식품을 골고루 먹는다.
- 전열기구 사용 시 주의할 점을 알고 안전 관리를 한다.

준비물(20명 기준)

재료
양송이버섯이나 표고버섯 200g, 달걀 4개, 옥수수 통조림 1캔, 맛살 5줄, 당근1개, 피망 2개, 다진 양파 1컵, 부침가루 1컵, 소금 약간, 식용유

도구
도마, 과도, 우묵한 그릇, 국자, 전기 프라이팬, 접시, 뒤집개

만드는 방법

1 영양전에 넣을 재료를 잘게 썬다.

2 잘게 자른 재료들을 섞은 후 재료 위에 부침가루를 고루 뿌린다.

3 우묵한 그릇에 달걀을 넣고 잘 푼 다음 소금을 넣어 간을 맞추고 잘게 자른 재료를 넣어 고루 섞는다.

4 전기 프라이팬에 기름을 두른 후 숟가락으로 떠서 둥글게 부쳐낸다.

활동 방법

탐색 및 이야기 나누기

1. 수 · 과학 영역에 당근, 피망, 버섯, 옥수수, 달걀 등의 그림이나 사진을 카드로 만들어 놓는다.
2. 아동에게 자기가 좋아하는 음식 카드를 골라보도록 하며 혹시 이 음식들을 좋아하지 않으면 왜 그런지 이야기를 나눈다.
3. 당근, 피망, 달걀, 버섯, 옥수수 등이 건강에 좋은 음식임을 이야기한다.
4. 이러한 식품들로 만든 음식에는 어떤 것들이 있는지 알아본다.
   (달걀요리, 채소샐러드, 채소볶음, 당근케이크)

요리 활동 계획하기

1. 당근, 피망, 버섯, 옥수수, 달걀 등을 이용해서 영양전을 만들어 보기로 한다.
2. 영양전 요리 순서도를 살펴본다.
3. 당근은 아동들이 썰기 쉽게 얇게 잘라놓거나 혹은 살짝 데쳐서 부드럽게 해 놓는다.

요리 활동 전개하기

1. 요리 순서도를 살펴보고 재료를 탐색한다.
   - Q 영양전을 만들려면 어떻게 해야 하는지 요리 순서도를 살펴봅시다.
   - Q 당근, 버섯, 피망을 만져보고 냄새도 맡아 봅시다.
   - Q 맛은 어떨까요?
   - Q 어느 것이 가장 딱딱한가요?
2. 도마 위에 재료를 놓고 잘게 썬다.
3. 잘게 썰어놓은 재료 위에 부침가루를 솔솔 뿌린다.
   - Q 부침가루를 뿌려 놓은 후 재료들이 어떻게 변화되었나요?
4. 달걀을 잘 풀고 약간의 소금으로 간을 맞춘다.
5. 잘 풀어 놓은 달걀에 재료들을 넣어서 섞는다.
6. 프라이팬에 기름을 두른 후 재료를 한 숟가락씩 떠 놓는다.
7. 노릇노릇하게 구워지면 교사가 뒤집개로 뒤집는다.

8. 다 익은 후 접시에 담아 놓는다.

9. 전기 프라이팬이 뜨겁고, 기름이 튈 수 있으므로 각별히 안전에 주의한다.

10. 완성된 영양전의 모양과 색을 관찰한다.

11. 자리를 정리한다.

12. 요리 활동에 대한 평가를 한다.

Q 영양전의 맛이 어떤가요?

Q 가장 잘 썰어진 재료는 어떤 것인가요? 왜 그럴까요?

확장 활동

1. 채소를 작은 조각으로 잘라서 접시에 담고 아동들과 맛보기 활동을 해본다.

Tip

- 영양전은 간식과 반찬 두 가지 모두로 적절하다. 간식으로 제공할 경우 2쪽 정도가 적당하다.
- 아동들이 좋아하지 않는 채소들은 영양전과 같이 조리방법을 새롭게 하여 먹을 수 있도록 한다.
- 빨간색, 노란색, 녹색, 보라색, 흰색 등 다섯 가지 색깔의 과일과 채소를 가능한 매일 섭취하는 것이 좋다. 예를 들면 파프리카, 고추, 당근, 호박, 브로콜리, 오이, 시금치, 가지, 연근, 배추, 적채 등과 같은 과일과 채소에는 비타민과 무기질뿐 아니라 각각의 색을 나타내는 '파이토케미칼'이라는 색소 성분이 있는데 색깔별로 효능이 다른 영양소를 가진다.

17 짜장면

활동 연령 6~7세 활동 시기 10월

활동 목표

- ☆ 짜장면이 만들어지는 과정을 안다.
- ☆ 녹말가루로 인해 걸쭉하게 되는 과정을 탐색한다.
- ☆ 음식을 통해 중국 문화를 이해한다.

준비물(20명 기준)

☆ 재료

돼지고기(간 것) 600g, 감자 5개, 양파 2개, 호박 1개, 양배추 1통, 우동 국수 20인분, 춘장 1/2컵, 식용유, 설탕 2Ts, 녹말물(녹말가루 1/4컵, 물 1/4컵)

☆ 도구

도마, 과도, 핫플레이트, 중국 팬, 나무주걱

만드는 방법

1 감자, 양파, 호박은 가로, 세로 1cm 크기로 작게 썰고 양배추도 알맞은 크기로 썬다.

2 팬에 춘장과 기름을 넣고 약한 불에서 5분 정도 저어 가며 볶는다.

3 볶은 춘장은 체에 밭쳐 기름을 빼낸다.

4 팬에 다시 기름을 두르고 돼지고기를 넣어 볶다가 감자, 양파, 호박을 넣고 볶는다.

5 4에 볶아 놓은 춘장, 설탕을 넣고 다시 한 번 볶다가 물을 붓고 끓인다.

6 5에 양배추를 넣고 녹말가루와 동량의 물을 섞은 녹말물을 넣고 저어 가며 농도를 맞춘다.

7 우동 국수를 삶아 물기를 빼고 그릇에 담은 후 짜장을 얹는다.

활동 방법

요리 활동 계획하기

1. 중국음식에는 어떤 것들이 있는지 이야기한다.
2. 짜장면에 대해 아동들이 알고 있거나 먹어 본 경험을 이야기한다.
   - Q 짜장면은 어떤 음식일까요?
   - Q 어떤 색이었나요? 짜장면의 짙은 갈색은 어디서 나왔을까요?
   - Q 어떤 맛인가요? 어떻게 만드는 것일까요?
3. 짜장면 만드는 방법에 대해 알아본다.
4. 아동들이 부모님으로부터나 책에서 알아온 짜장면 만들기 방법에 대해 이야기한다.
   - Q 짜장면은 어떻게 만들까요?
5. 어떻게 짜장면을 만들 수 있을지 예측해 본다.
6. 짜장면에 들어갈 재료와 요리 순서도를 살펴보면서 요리 방법에 대해 이야기한다.

요리 활동 전개하기

1. 요리도구와 재료를 살펴본다.
   - Q 돼지고기, 감자, 양파, 호박, 양배추의 냄새, 촉감, 색깔은 어떤가요?
   - Q 춘장의 모양과 색, 냄새는 어떤가요?
2. 도구를 사용하면서 주의해야 할 점을 이야기한다.
   - Q 핫플레이트는 어떻게 사용할까요?
3. 감자, 당근, 양파를 사방 1cm 주사위 모양으로 썬다.
4. 양배추를 알맞은 크기로 썬다.
5. 달구어진 중국 팬에 춘장과 기름을 넣고 볶는다.
   - Q 어떤 팬일까요?
   - Q 중국 팬이 뜨거워졌을 때 어떻게 해야 할까요?
   - Q 춘장은 왜 볶는 것일까요?
   - Q 춘장을 볶으면 어떻게 될까요?
6. 볶은 춘장은 체에 밭쳐 기름을 빼낸다.
   - Q 기름은 왜 빼낼까요?

7. 중국 팬에 돼지고기, 감자, 호박, 양파를 넣고 볶는다.

8. 익으면 춘장, 설탕을 넣고 함께 볶는다.

9. 양배추를 넣어 익힌다.

10. 녹말가루를 물에 갠다.

- Q 녹말가루에 물을 넣으니 어떻게 되었나요?
- Q 익힌 재료들의 걸쭉한 정도는 알맞은가요?
- Q 개어 놓은 녹말가루를 넣으니 어떻게 되었나요?

11. 우동 국수를 삶아 물기를 뺀다.

- Q 끓는 물속에 국수를 넣으면 어떻게 될까요?
- Q 삶기 전과 삶 후에 국수가 어떻게 되었나요?

12. 국수에 짜장을 얹어서 점심으로 먹는다.

13. 요리에 대한 평가를 한다.

- Q 맛은 어떠했나요?
- Q 밥에 얹어서 먹으면 무엇이 될까요?
- Q 만들 때 재미있었던 점, 힘들었던 점은 무엇이었나요?

Tip

- 점심급식 시간에 국수 혹은 밥과 함께 먹는다.
- 재료는 상황에 따라서 다른 것으로 바꾸어서 한다(돼지고기 대신 쇠고기, 닭고기, 해산물을 사용할 수 있다).
- 짜장소스의 간을 굴소스로 하면 향이 더욱 좋다.

18 화전

활동 연령 6~7세　활동 시기 5월

활동 목표

- 찹쌀의 성질을 관찰한다.
- 우리나라 전통 음식에 대해 안다.
- 떡을 먹을 때 유의할 점을 알고 실천한다.

준비물(20명 기준)

재료
찹쌀가루 5컵, 멥쌀가루 3컵, 뜨거운 물 1 1/3컵, 소금, 잘게 썬 대추, 쑥갓 잎, 식용유

도구
우묵한 그릇, 뒤집개, 전기 프라이팬, 접시

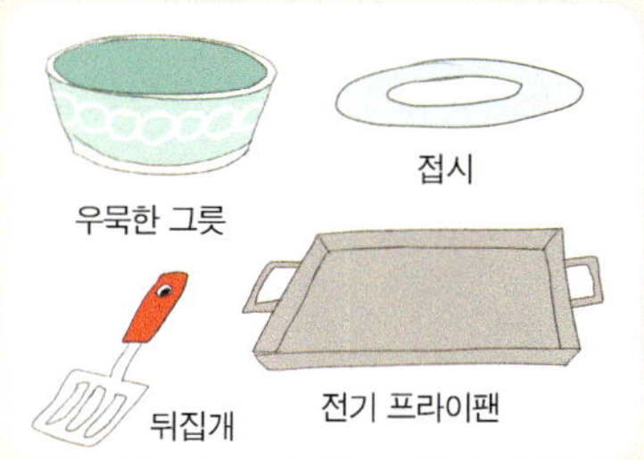

만드는 방법

1 쌀가루에 소금을 넣고 뜨거운 물로 익반죽을 한다.

2 반죽을 조금 떼어 내어 동그랗고 납작하게 만든다.

3 2위에 대추 썬 것과 쑥갓 잎을 붙인다.

4 프라이팬에 식용유를 두르고 부친다.

활동 방법

탐색 및 이야기 나누기

1. 다양한 떡의 그림이나 사진을 전시하여 아동들의 흥미를 유도한다.
2. 그림을 보면서 먹어 본 떡이 있는지 맛은 어떤지 이야기를 나눈다.
3. 떡은 어떤 재료를 가지고 만드는지 수수께끼로 알아본다.
4. 쌀, 쌀가루, 반죽 상태의 사진을 보여주고 어떤 관련성이 있을지 예측해 본다.
5. 그림카드를 순서대로 놓아 본다.
6. 멥쌀과 찹쌀을 비교해 본다.

요리 활동 계획하기

1. 화전을 만들어 보기로 한다.
2. 요리 순서도를 보면서 어떤 재료가 필요한지 알아본다.

요리 활동 전개하기

1. 아동과 함께 준비된 찹쌀가루와 멥쌀가루, 기타 재료들을 탐색한다.
2. 찹쌀가루, 멥쌀가루 등을 보여 주면서 무엇으로 만들었을지 이야기한다.
   - Q 이 하얀 가루는 무엇일까요?
   - Q 무엇을 어떻게 해서 가루가 되었을까요?
3. 밀가루, 전분가루, 미숫가루, 콩가루 등 찹쌀가루와 비슷한 느낌이 나는 가루들을 찾아 본다.
4. 찹쌀가루를 손으로 만져 보고 냄새도 맡아 본다.
5. 찹쌀가루와 멥쌀가루를 2 : 1로 섞고 뜨거운 물을 조금씩 넣으면서 반죽을 한다.
6. 반죽을 하는 동안 아동은 쌀가루가 어떻게 변화되는지 관찰한다.
   - Q 쌀가루에 물을 넣으니까 어떻게 되었나요?
7. 아동에게 잘 반죽된 반죽 덩어리를 조금씩 떼어 준다.
8. 아동은 각자 동그랗게 모양을 만든다.
   - Q 반죽을 만지니까 어떤 느낌인가요?
   - Q 가루를 만졌을 때와 어떻게 다른가요?

Q 동그랗게 만들려면 어떻게 해야 할까요?

9. 동그랗게 만든 반죽 위에 잘게 썬 대추와 쑥갓 잎을 얹어 모양을 꾸민다.
10. 화전을 익히기 위해서 뜨거운 프라이팬이 사용되므로 열기구에 대한 주의사항을 이야기한다.
11. 전기 프라이팬에 식용유를 두르고 노릇하게 지져 낸다.
12. 다 익은 것은 채반에 꺼내어 놓는다.
13. 요리 활동에 대한 평가를 한다.

Q 반죽이 적절하게 되었나요?

Q 화전이 납작하게 잘 만들어졌나요?

확장 활동

1. 아동들이 만든 재미있는 모양들을 디지털 카메라로 찍어 전시한다.
2. 찹쌀반죽에 올려놓는 재료들을 다양하게 하여 요리를 변화시킬 수 있다.

Tip

- 떡 종류 특히 찹쌀로 만든 음식을 먹을 때는 천천히 꼭꼭 씹어 잘 삼킨다.
- 찹쌀은 영양학적으로 콩과도 매우 잘 어울리고 건포도도 곁들이면 영양적으로 좋은 간식이 된다.

19 피자토스트

활동 연령 6~7세 활동 시기 9~10월

활동 목표

- ☆ 열에 의한 재료의 변화를 예측하고 관찰한다.
- ☆ 전열기구 사용 시 주의할 점을 알고 안전관리를 한다.

준비물(20명 기준)

☆ 재료

토스트 식빵 20장, 양파 2개, 피망 2개, 옥수수 통조림 1캔, 얇게 썬 햄 20장, 피자치즈 2봉, 토마토케첩 1컵, 버터

☆ 도구

도마, 과도, 숟가락, 전기 프라이팬, 오븐

만드는 방법

1 양파는 잘게 다진다. 피망은 가로 세로 0.5cm 크기로 잘게 썰고 햄도 잘게 썬다.

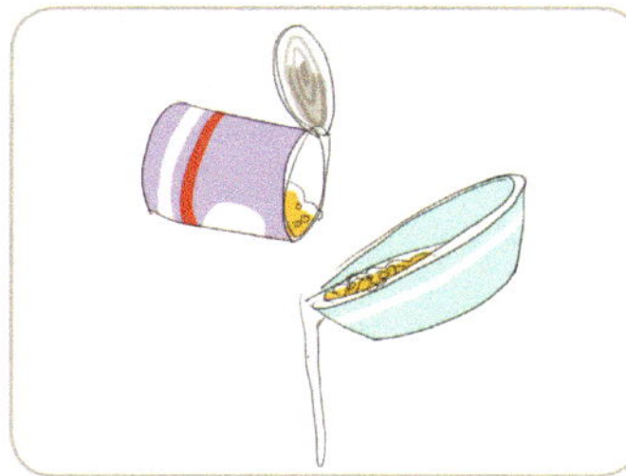

2 옥수수는 통조림에서 꺼내어 물기를 뺀다.

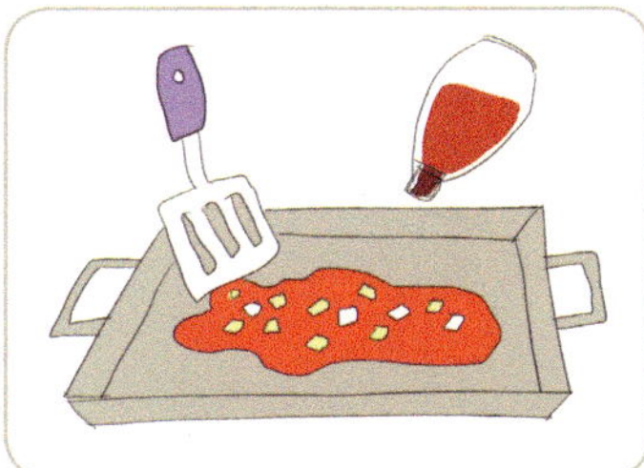

3 프라이팬에 버터를 두른 후 녹으면 양파를 넣고 볶은 후 토마토케첩을 넣어 볶는다.

4 식빵에 볶은 양파를 올려놓고 골고루 펴 바른다.

5 4위에 피망, 옥수수, 햄, 피자치즈를 얹는다.

6 예열된 180℃의 오븐에 넣고 7분 정도 굽는다.

활동 방법

탐색 및 이야기 나누기

1. 세계 여러 나라의 음식에는 어떤 것들이 있는지 이야기한다.
2. 다양한 치즈를 관찰한다.
   - Q 치즈는 어떻게 생겼나요?
   - Q 치즈는 어떤 맛일까요?
3. 아동들이 알고 있거나 먹어 본 다른 나라 음식에는 어떤 것들이 있는지 이야기한다.
   - Q 다른 나라에는 어떤 음식들이 있을까요?
   - Q 어떤 음식을 만들어 보고 싶은가요?
   - Q 치즈를 이용하여 만든 대표적인 음식은 무엇일까요?
   - Q 피자는 어떤 맛이었나요? 어떻게 만드는 것일까요?

요리 활동 계획하기

1. 요리 기구와 재료를 살펴본다.
   - Q 식빵, 옥수수, 햄, 피망, 양파 각각의 냄새, 촉감, 색깔은 어떤가요?
   - Q 피자치즈의 모양과 색, 냄새는 어떤가요?
   - Q 오븐은 무엇을 할 때 쓰는 것일까요?
2. 기구를 사용하면서 주의해야 할 점을 이야기한다.
   - Q 전기 프라이팬은 어떻게 사용할까요?
   - Q 오븐은 어떻게 사용할까요?
3. 양파, 피망, 햄을 잘게 썰고 옥수수는 통조림에서 꺼내어 물기를 뺀다. 양파는 매우므로 교사가 미리 썰어서 준비한다.
   - Q 잘게 썰기가 어떤가요?
4. 프라이팬에 버터를 두른 후 녹으면 양파를 넣고 볶은 후 토마토케첩을 넣어 섞는다.
   - Q 프라이팬이 어떻게 되었을까요?
   - Q 뜨거운 프라이팬을 사용할 때는 어떻게 할까요?
   - Q 버터가 어떻게 되었나? 녹으니까 어떤 냄새가 나나요?
   - Q 케첩을 넣어 섞으니 어떻게 되었나요?
5. 접시 위에 식빵을 놓은 후 식빵 위에 볶은 양파를 골고루 펴 바른다.

6. 양파 위에 피망, 옥수수, 햄을 얹고 피자치즈를 골고루 뿌린다.

7. 오븐을 180℃로 예열한 후 피자를 넣는다.

Q 오븐이 어떻게 되었을까요?

Q 뜨거운 오븐에 음식을 넣고 꺼낼 때 어떻게 할까요?

8. 오븐에서 7분간 굽는다.

9. 피자 토스트가 구워지는 것을 관찰한다.

Q 열에 의해서 재료들이 어떻게 되었나요?

Q 냄새, 색깔은 어떤가요?

10. 요리에 대한 평가를 한다.

Q 맛이 어떠했나요?

Q 만들 때 재미있었던 점. 힘들었던 점은 무엇이었나요?

Tip

- 피자토스트 1쪽(150g)을 음료수와 함께 간식으로 먹는다.
- 치즈는 이와 뼈에 좋은 칼슘이 풍부하고 다른 유제품에 비해 소화가 잘 되므로 위의 기능이 약한 아동들에게 아주 좋은 식품이다.
- 오븐 주위에 안전 영역을 표시해 주면 위험하지 않게 주변에서 잘 관찰할 수 있다.
- 교사는 오븐 사용법을 미리 알아둔다.
- 재료는 상황에 따라서 다른 것으로 바꾸어서 한다.
- 피자는 이탈리아 파이의 한 종류로 피자파이라고도 한다.

20 호박죽

활동 연령 6~7세
활동 시기 10월 말 또는 11월 초

활동 목표

- ☆ 열에 의한 재료의 변화를 예측하고 관찰한다.
- ☆ 호박에 들어 있는 영양소를 알고 맛있게 먹는다.

준비물(20명 기준)

★ **재료**

늙은 호박 큰 것 1개 혹은 단호박 3개, 찹쌀가루 2컵, 물 2컵, 황설탕 1컵, 소금

★ **도구**

도마, 과도, 핫플레이트, 냄비, 주걱, 체

만드는 방법

1 늙은 호박을 깨끗이 씻는다. 교사가 4등분하여 준다.

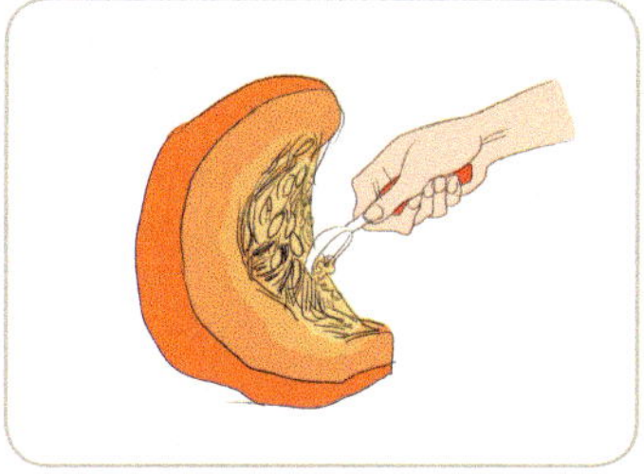

2 아동들이 씨를 뺀다. 씨는 따로 모아 관찰할 수 있도록 한다.

3 껍질을 벗긴다. 두껍고 딱딱해서 위험하므로 교사가 벗겨준다.

4 교사가 조각을 내어 주면 아동이 잘게 썬다.

5 호박을 냄비에 넣고 호박이 잠길 만큼의 물을 부어 푹 끓인다.

6 호박이 익으면 체에 내려 으깬다.

7 다시 불 위에 올린다. 냄비에 찹쌀가루액을 넣고 저어가며 걸쭉하게 농도를 맞춘다.

8 설탕과 소금으로 간한다.

활동 방법

탐색 및 이야기 나누기

1. 아동들과 함께 봄에 채소 모종한 밭을 살펴본다. 채소밭에 어떤 채소 열매들이 달려 있는지 보고 만지고 냄새를 맡으면서 자유롭게 관찰한다.
   - Q 어떻게 생겼나요?
   - Q 만지니까 느낌이 어떤가요?
   - Q 어떤 냄새가 나나요?
   - Q 어떤 맛일까요?
2. 아동들과 함께 잘 자란 늙은 호박을 딴다.
3. 애호박과 늙은 호박을 비교해 보고 각각의 특징에 대해서 이야기를 나눈다.

요리 활동 계획하기

1. 늙은 호박을 이용하여 어떤 요리를 만들 수 있을지 아동들이 알고 있는 방법을 이야기한다.
   - Q 어떤 요리가 있을까요?
   - Q 호박죽은 어떻게 하는 것일까요?
2. 아동들과 함께 따온 늙은 호박을 깨끗이 씻는다.
3. 호박죽에 들어갈 재료와 요리 순서도를 살펴보면서 만드는 방법에 대해 이야기한다.

요리 활동 전개하기

1. 요리도구와 재료를 살펴본다.
   - Q 늙은 호박의 냄새, 촉감, 색깔은 어떤가요?
   - Q 늙은 호박 속의 모양과 색깔은 어떤가요?
   - Q 씨는 어떻게 생겼나요?
2. 늙은 호박에서 씨를 뺀다.
   - Q 씨의 모양, 색깔, 냄새, 맛은 어떨까요?
3. 교사가 채소 껍질 벗기는 칼로 호박 껍질을 벗긴 후 아동들이 썰기 좋은 크기로 잘라 준다. 호박 껍질은 벗기기가 쉽지 않으므로 반 정도는 요리시간 전에 벗겨 놓는다.
4. 아동들이 늙은 호박을 썰어서 접시에 담아놓는다.
5. 냄비에 물을 부은 후 끓인다.
   - Q 열에 의해 호박이 어떻게 되었을까요?

6. 푹 익은 호박을 꺼내어 주걱으로 으깬다.

7. 체에 내린다.

- Q 체에 호박을 내리니까 어떻게 되었나요?
- Q 냄새, 색깔, 모양은 어떤가요?

8. 찹쌀가루액을 넣어 걸쭉하게 만든다.

- Q 찹쌀가루액을 왜 넣는 것일까요?
- Q 넣으니까 어떻게 되었을까요?

9. 설탕과 소금을 넣어 간을 맞춘 후 다시 끓인다.

10. 요리에 대한 평가를 한다.

- Q 맛은 어떠했나요?
- Q 밭에서 따온 호박을 끓였더니 어떻게 변화되었나요?

확장 활동

1. 호박씨는 말린 후 까서 먹을 수 있다.
2. 잘 말린 호박씨를 이용하여 식용 색소로 물을 들여 꾸미기 등 조형 활동을 한다.

Tip

- 끓인 호박을 체에 내리려면 시간이 오래 걸리므로 조금 식혀서 믹서에 갈 수도 있다.
- 양파를 갈아서 함께 넣어 만든 호박죽도 영양만점이다.
- 찹쌀가루액을 넣는 이유는 걸쭉한 농도를 내기 위해서이다.
- 호박죽에 여러 종류의 콩을 넣으면 맛도 좋고 영양도 좋다.
- 호박은 나이에 따라 겉과 속 모양이 차이가 난다. 나물, 찌개용으로 많이 먹는 애호박은 어릴 때 딴 것이다. 이것이 더 커서 초록색 빛깔이 없어지고 누렇게 익은 것을 늙은 호박이라고 한다.
- 늙은 호박 속에는 호박씨가 수십 개 들어 있다. 호박씨는 영양식품이다. 호박씨는 단백질과 지방산이 주성분으로 식용유의 원료로 쓰인다. 인체에 유익한 질 좋은 불포화 지방산이 많아서 약재로도 쓰인다. 호박씨는 머리를 좋게 하는 필수아미노산이 많이 들어 있으므로 성장기 어린이 영양 간식으로 좋다.

chapter 4 식사 예절의 이해

1 식사 전 예절

2 식사 중 예절

3 식사 후 예절

chapter 4

식사 예절의 이해

아동들이 요리를 만들며 즐기고 먹는 과정에서 놓치지 않아야 하는 부분이 식사 예절이다. 세 살 버릇이 여든까지 간다는 말이 있듯이 어렸을 때 습득한 식사 예절은 평생을 함께 하며 품위있는 삶을 살아가게 하는 디딤돌이 될 수 있다. 식사하는 모습에서 성장과정을 알 수 있다는 말은 곧 그 사람의 인격과 품행을 식사하는 모습에서 찾아볼 수 있다는 것이다. 이렇듯 식사 예절의 중요성을 아무리 강조해도 지나치지 않을 것이다.

식사하는 장소를 식공간이라 하는데, 여기에는 요리와 더불어 쾌적함과 안락함 그리고 또 하나의 복합문화공간으로서의 의미가 있다. 식사하는 동안 편안함을 느끼는 식공간이 되기 위해서는 무엇보다 식사하는 사람 모두가 서로를 배려하는 마음에서부터 출발해야 한다. 아무리 맛있는 음식과 멋진 장식의 식공간이라도 누군가 불쾌한 행동을 하거나 상대방을 배려하지 않는 언어를 사용한다면 즐거운 식사시간이 되기는 어려울 것이다. 그러므로 모두를 행복하게 하는 식공간이란 상대방을 배려하는 마음에서 출발해야 마무리되는 것이다.

따라서 어려서부터 올바른 식사습관을 습득하여 늘 건강한 신체와 올바른 정신으로 생활해나가는 훌륭한 미래의 주역이 될 수 있도록 노력해 나가도록 한다. 예절이 있는 따뜻한 밥상에서 느껴지는 사랑과 감사의 마음은 남을 배려하는 마음을 싹트게 하고 나아가 이러한 마음이 세상을 따뜻하고 화목하게 할 수 있을 것이다.

1 식사 전 예절

1) 단정한 옷차림

식사하기 전에는 복장을 단정히 하도록 한다. 식사하는 자리는 감사한 마음으로 시작하여 본인을 다듬는 시간이기도 하다. 그러므로 입고 있는 복장을 잘 살펴보고 단정한 상태가 되었을 때 의자에 앉아 식사를 시작하도록 한다. 몸가짐이 반듯하면 식사 과정도 함부로 하지 않게 된다.

2) 깨끗한 손

아동들은 특별히 위생과 청결에 늘 주의를 기울여야 한다. 식사할 때는 식사도구를 사용하지만 전반적으로 손을 빈번히 사용하게 되므로 식사 전에는 반드시 손을 씻고 자리에 앉는 습관을 갖도록 한다.

3) 바른 자세

의자에 앉아 있을 때의 자세에 따라 식사하는 시간이 편안하거나 불편할 수 있다. 먼저 의자에 앉은 후 양손으로 의자를 조용히 잡아당겨 앞으로 가져온 후 엉덩이를 의자 깊숙이 넣고 허리를 반듯하게 펴도록 한다. 그리고 자리를 잡은 후 가슴과 식탁의 공간이 주먹 하나 정도의 여유 공간이 있게 하면 식사 시간을 편안하게 보낼 수 있다.

그리고 식탁 위에 팔꿈치를 올려놓거나 다리를 꼬는 일도 하지 않아야 하며, 다리를 떠는 것도 삼가도록 한다.

4) 그릇의 위치

놓인 그릇의 위치에 따라서도 편안한 혹은 불편한 식사를 하게 하는 원인이 되기도 한다. 그릇은 테이블 끝에서 2cm 정도의 간격을 두고 놓는 것이 바람직하다. 그릇이 멀리 있거나 가까이 있으면 구부정하거나 자세가 뒤로 젖혀지게 되므로 식사 시간이 불편하게 된다.

5) 식사도구

아동들이 식사할 때 음식의 종류에 상관없이 일괄적으로 포크를 사용하는 모습을 많이 볼 수 있다. 불편하다고 인식되는 젓가락에 비해 손쉽게 사용할 수 있으므로 포크를 선택한다.

식사할 때 사용하는 식사도구는 나라별로 요리의 종류에 따라 다양하게 사용되고 있다. 크게 서양요리는 포크와 나이프, 동양권은 젓가락, 그리고 우리나라는 숟가락과 젓가락을 적절히 사용하고 있다.

아동은 손 근육의 발달이 미약하여 젓가락으로 식사하는 것이 불편할 수 있겠지만 식사 시간만큼은 여유를 가지고 천천히 익혀나가는 과정이 필요하다. 이를 통하여 손 근육이 발달하고 더불어 뇌의 발달뿐 아니라 여러 과정의 발달도 촉진하는 계기가 될 수 있으며 나아가 다양한 문화권의 식생활도 자연스럽게 이해할 수 있게 된다.

숟가락은 접시의 오른쪽에, 젓가락은 숟가락의 오른쪽에 위치하며 포크는 접시의 왼쪽, 나이프는 접시의 오른쪽에, 혹은 접시의 오른쪽에 포크와 나이프를 같이 놓기도 한다. 이때 나이프의 칼날은 접시를 향하게 하여 놓는다.

그림 4-1 식사 전의 수저

그림 4-2 식사 전의 포크와 나이프

2 식사 중 예절

1) 식사 속도

먹는 속도가 주위 사람들에 비하여 너무 빠르거나 너무 늦지 않도록 한다. 혼자서 너무 빨리 식사를 끝내게 되면 주위 사람들이 식사속도에 급하게 맞추어야 하고, 혼자서 너무 늦게까지 식사를 하다보면 주위 사람들이 기다려야 하는 일이 생기게 된다. 주위 사람들의 먹는 속도와 비슷하게 맞추어가며 식사하면 본인이나 상대방이 당황하지 않게 된다.

2) 소음

음식의 양은 입안에서 부담가지 않을 정도를 덜어 입안에 넣은 후 입을 다물고 조용히 씹도록 한다. 입을 벌리고 씹게 되면 음식물 씹는 소리가 옆 사람에게 전해져 불쾌감을 줄 수 있다.

그리고 식사도구인 포크나 수저를 사용할 때에도 소리 나지 않도록 조용히 사용하며 너무 큰소리로 웃거나 말하지 않는다. 기침이나 재채기가 나올 때는 냅킨으로 입을 가리거나 고개를 돌린다.

3) 편식 방지

음식이 나왔을 때 좋아하는 음식만 골라서 먹고 싫어하는 음식은 먹지 않는다면 영양의 불균형을 가져오게 되고 이는 성장기인 아동에게 바람직하지 않은 식습관이 형성된다. 이러한 편식은 발육과정에 문제가 생기게 할 수도 있으며, 성인이 되어서도 다양한 음식문화를 받아들이기 어려울 수 있으므로 편식은 아동기에 교정하도록 한다.

4) 식사 도구 사용

수저와 포크, 나이프를 사용하는 것에도 올바른 방법이 있다. 아동이 하기에 어렵다고 생각하지 말고 사용방법을 알려주도록 한다. 처음에는 어색하겠지만 시간이 지날

그림 4-3 식사 중의 포크와 나이프

수록 익숙해지며 나중에는 언제든지 자연스럽고 의젓하게 식사할 수 있다.

숟가락과 젓가락을 한 손에 함께 들지 않으며, 숟가락을 사용할 때는 젓가락을 상위에 내려놓고 젓가락을 사용할 때는 숟가락을 상에 내려놓아 번갈아 가며 잡고 식사한다. 반찬이나 밥을 뒤적이지 않고 앞에서부터 먹도록 한다. 다 먹고 난 밥그릇의 경우, 밥풀이 밥그릇 여기저기에 붙어있지 않도록 한다. 양식의 경우 식사하는 중간에는 양옆으로 살짝 포개 놓거나 벌려 놓으며, 나이프의 칼날은 접시 안쪽을 향하게 한다.

5) 냅킨 사용

냅킨의 소재는 옷감이나 종이를 선택할 수 있으며 무릎 위에 펼쳐놓고 사용한다. 무릎 위에 올려놓고 사용하기 어린 나이인 경우에는 가슴 위에 펴놓고 양쪽을 집게로 집어 주면 냅킨이 아래로 떨어지지 않아 옷에 이물질이 묻는 것을 방지할 수 있다.

냅킨은 입이나 손을 닦을 때 사용하며 음료를 마시기 전에 입가를 닦고 마시면 깨끗한 컵이 유지될 수 있다. 식사가 끝나면 냅킨을 가볍게 접어 식탁 위에 올려놓는다.

3 식사 후 예절

1) 음식정리

식사가 끝나게 되면 접시 위에는 음식물이 남아 있게 된다. 이때 음식물이 남아 있는 지저분한 접시를 그대로 식탁 위에 남겨두게 되면 옆 사람이나 식탁을 치우는 사람에게 불쾌감을 줄 수 있으므로 음식을 다 먹은 후 그대로 일어나기 보다는 남은 음식물을 접시 위의 한 곳에 모아 놓고 일어서도록 한다.

그림 4-4 식사 후의 숟가락과 젓가락

그림 4-5 식사 후의 포크와 나이프

2) 식사 후의 식사 도구

식사가 끝나면 식사 도구의 역할도 끝나게 된다. 숟가락과 젓가락은 처음의 위치에 놓고 포크와 나이프는 시계 4시와 5시 방향 사이에 가지런히 놓게 된다. 이때 나이프의 칼날은 포크 쪽을 향하게 한다.

3) 그릇 옮기기

식사가 끝나면 자신이 사용했던 접시와 식사 도구들을 그릇 씻는 곳으로 옮긴다. 이때 급하게 서두르거나 뛰게 되면 접시가 떨어지고 깨지면서 안전사고가 발생할 수 있으므로 순서대로 천천히 움직여 옮기도록 한다. 그릇들을 함부로 다루면 깨질 수 있고 위험할 수 있다는 사실을 아동들에게 인지시켜 조심해서 다루도록 한다.

4) 자리 정돈

식탁 위의 지저분한 것들을 치우고 의자는 제 위치에 들여 놓고 의자가 놓였던 바닥까지도 살펴보도록 한다. 이렇게 본인이 식사했던 공간을 스스로 정리하는 습관을 키우면 자립심을 키우고 식사에 대한 감사한 마음을 갖게 된다.

chapter 5 식품위생의 이해

chapter 5

식품위생의 이해

1 식품위생 개론

1) 식품위생의 의의 및 목적

세계보건기구(WHO)에서의 정의

식품위생이란 식품원료의 생육(재배), 생산 또는 제조부터 유통과정을 거쳐 최종적으로 사람에게 섭취되기까지 모든 단계에서 식품의 안전성, 건전성 및 건강성을 확보하기 위한 수단을 말한다.

우리나라 식품위생법상의 정의

식품위생은 '식품, 식품첨가물, 기구와 용기 · 포장을 대상으로 하는 음식에 관한 위생을 말한다.' 라고 정의하고 있다.

식품위생의 목적

식품으로 인한 위생상의 위해를 방지하는 것이 목적이다. 식품영양의 질적 향상을 도모하며 이를 통해 국민보건의 증진에 이바지함을 목적으로 한다.

2) 식품위생의 대상과 행정의 목적

식품위생의 대상

식품위생은 모든 음식물, 식품, 첨가물, 기구 및 용기 · 포장 등 음식에 관련한 것을 대상으로 한다. 특히, 식품은 '모든 음식물을 말한다. 다만, 의약으로 섭취하는 것을 제외한다.' 라고 규정하며, 식품과 의약품을 구분하고 있다.

식품위생 행정의 목적

식품으로 인한 위생상의 위해를 방지하고, 식품영양의 질적 향상을 도모하여 국민보건의 향상과 증진에 기여하는 것을 목적으로 한다.

식품위생 행정의 범위

① 유독 · 유해성 물질의 혼입 방지 및 함유식품 배제
② 부패 및 변질식품 배제
③ 식중독과 감염병 등에 의한 식품의 오염방지 및 발생 시 조치
④ 식품위생의 정의와 관련된 품질, 성분 등의 규격, 제조 · 사용표시 등의 기준설정
⑤ 식품첨가물의 지정
⑥ 조리사와 영양사 등 종업원의 건강관리 및 제도의 실시
⑦ 영업허가 및 식품위생의 감시
⑧ 식품위해요소중점관리기준(HACCP) 제도 및 식품회수제도(리콜제)
⑨ 기타 식품위생과 관련된 사항 등

2 식품과 미생물

1) 미생물의 종류와 특성

세균(박테리아 : bacteria)

① 특징

분열법으로 증식하며, 형태에 따라 구균, 간균, 나선균 등 3가지가 있다. 경구감염병, 감염형식중독, 독소생성 가능 세균 등이 여기에 포함되는데, 세균은 미세한 단세포로 하나의 독립된 생명체이며, 엽록소가 없고 광합성 작용을 하지 못한다.

② **분류**

- 구균 : 둥근 모양의 쌍구균, 연쇄구균, 단구균, 포도상구균 등이 있다.
- 간균 : 막대 모양으로 생긴 단간균, 연쇄간균, 쌍간균 등이 있다.
- 나선균 : 나선 모양의 커다란 콤마상 나선균, 일반 나선균 등이 있다.

효모(이스트 : yeast)

① **특징**

균사가 없고 단세포로 구성되어 있으며 출아법으로 번식한다. 곰팡이와 세균의 중간 크기로 형태는 구형, 타원형, 달걀형 등이 있으며 발효능력이 강하다. 알코올 발효를 통하여 알코올과 이산화탄소를 생성하므로 술이나 빵의 제조에 이용된다.

② **분류**

- 사카로마이세스속 : 청주의 발효균, 맥주, 포도주, 간장, 시럽의 제조 및 변패균주다.
- 토룰라속 : 된장, 맥주, 포도주, 치즈 또는 꿀의 당을 변패시키는 균주이다.
- 피키아속과 한세눌라속 : 산막효소로서 알코올 제조에 이용되는 균주이다.
- 칸디다속과 마이코데르마속 : 맥주, 간장, 포도주의 유해 균주이다.

곰팡이(mold)

① **특징**

진균류 중에서 균사체를 발육기관으로 하는 것을 곰팡이라 한다. 식품 증식 시 변패, 독소생성, 질병 감염, 알레르기 반응을 일으킨다. 건조식품에서 생육하며, 포자법으로 번식한다.

② **분류**

- 아스퍼질러스속 : 누룩곰팡이라고도 한다. 약주, 탁주, 된장, 간장 제조에 이용되고 식품 및 발효공업에 사용되며 아플라톡신이라는 독소를 형성한다.
- 페니실리움속 : 청색을 보이는 것이 많아 푸른곰팡이라고도 한다. 떡, 빵, 치즈, 과일, 채소 등에 잘 번식하여 변패시키고 독소를 생성하는 등 식품공업에서는 유해한 것으로 알려져 있다. 황변미의 원인균이며, 과육의 연부병을 일으킨다.

- 무코르속 : 털곰팡이라고도 하며, 자연계에 널리 분포되어 있고 특히 토양 중에 많다. 치즈를 숙성시키고 식품을 변패시키거나 과일을 부패시키기도 한다.
- 리조푸스속 : 생육이 빠르고 술 양조에 관계하며 토양, 공기 등에 분포되어 있다. 거미줄곰팡이라고도 하며, 빵곰팡이 원인균이다.

바이러스(virus)

기생증식하며 세균여과기를 통과하는 여과성 미생물 가운데 크기가 가장 작다. 간염, 전염성 설사 등의 질환을 야기할 가능성이 있다. 생존에 필요한 물질로 핵산과 소수의 단백질만을 가지고 있어 숙주에 전적으로 의존한다. 형태와 크기가 일정하지 않고, 생체세포에서만 증식한다. 천연두, 일본뇌염, 홍역, 소아마비, 인플루엔자, 유행성 간염 등이 있다.

스피로헤타(spirochaeta)

굴곡성을 지닌 나사선 모양으로, 활발한 운동을 하고 일반적으로 세균류에 넣지만 엄밀히 보면 단세포식물과 다세포식물의 중간이라고 할 수 있다. 잘 알려진 속명(genus name)으로는 매독과 매종의 병원균이 속한 트레포네마속(*Treponema*), 이와 진드기에 의해 매개되며 재귀열을 일으키는 종이 속한 보렐리아속(*Borrelia*), 보통 산소가 없는 진흙과 물속에서 살며 자유유영을 하는 비병원체인 스피로헤타속(*Spirochaeta*), 대합이나 다른 연체동물과 공생관계에 있는 크리스티스피라속(*Cristispira*) 등 4가지가 있다.

리케차(rickettsia)

세균과 바이러스의 중간에 속하는 것으로 형태는 원형, 타원형 등이다. 2분법으로 증식하며 운동성이 없고 살아있는 세포 속에서만 증식한다. 자연에서 이, 진드기, 벼룩 등의 흡혈성 절지동물에 기생하며 이들을 매개로 하여 감염된다. 유행성 발진티푸스, 로키산홍반열, 쯔쯔가무시병(양충병), 발진열, Q열, 선열 등의 질병을 일으킨다.

2) 미생물 생육에 필요한 조건

① 영양소

영양소는 미생물의 발육 · 증식에 필요한 3대 조건 중의 하나로, 탄수화물(당질), 지방, 단백질(아미노산, 무기질소), 무기질, 비타민 등이 필요하다. 필요한 양이 충분히 공급되어야 하며 특히 단백질은 세균의 성장을 지배한다.

② 수분

수분도 미생물의 발육 · 증식에 필요한 3대 조건 중의 하나이다. 미생물의 발육 · 증식에는 일반적으로 40% 이상의 수분이 필요하다. 건조식품은 수분함량이 대략적으로 15% 정도이며, 이 정도의 수분함량으로는 일반 미생물의 발육 · 증식이 불가능하나 유일하게 곰팡이는 건조식품에서 발육할 수 있다.

③ 온도

일반적으로 5~60℃ 에서 생육 및 증식이 가능하고 이를 잠재적 위해 식품의 위험온도대라 하며 37℃ 부근에서 가장 잘 증식한다. 미생물의 발육 · 증식에 필요한 3대 조건 중의 하나이다.

저온균 : 저온에서 식품 부패를 일으키는 세균(수중 미생물)이다.
- 최적온도 : 15~20℃
- 발육가능온도 : 0~25℃

중온균 : 대부분의 병원성 식품 부패 미생물에 속한다.
- 최적온도 : 27~37℃
- 발육가능온도 : 15~55℃

고온균 : 온천수에서 서식하는 세균이다.
- 최적온도 : 50~60℃
- 발육가능온도 : 40~70℃

④ 수소이온농도(pH)

세균은 pH 6.5~7.5로 보통 중성 내지 약알칼리에서 잘 증식하고 pH 4.5 이하에서는 증식하지 못한다. 곰팡이와 효모는 최적 pH 4.0~6.0으로 주로 산성에서 잘 자란다. 잠재적인 위해식품의 pH는 4.6~7.0이다.

⑤ 산소

미생물은 에너지를 얻기 위해서 산소가 필요한 것(호기성세균)도 있고, 전혀 필요치 않은 것(산소독립균), 산소가 있으면 생육에 저해를 받는 것(혐기성세균)도 있다.

- **호기성세균** : 산소가 필요한 균이다. 곰팡이, 효모, 식초산균, 방선균 등이 있다.
- **혐기성세균** : 산소를 필요로 하지 않는 균이다. 낙산균, 클로스트리듐(clostridium) 등이 있다.
- **산소독립균(통성혐기성세균)** : 산소가 있거나 없거나 상관없이 발육하는 균이다. 젖산균, 효모 등이 있다.
- **편성혐기성세균** : 산소를 절대적으로 기피하는 균이다. 보툴리누스균, 웰치균 등이 있다.

3) 미생물에 의한 식품의 변질

식품 변질의 종류

식품의 외관이 변하고 성분이 파괴되며 맛, 냄새, 색 등이 달라져서 그 식품 원래의 특성을 잃게 되는 현상을 변질이라 한다. 변질에는 부패, 후란, 변패, 산패, 발효가 있다.

- **부패** : 외관, 맛, 냄새, 색, 유해물질, 발암물질 등 인체에 유해한 물질이 생성되어 변질되는 것이다. 아민, 암모니아, 황화수소, 인돌, 페놀, 히스타민 등의 부패취 성분이 발생한다.
- **후란** : 호기성세균이 단백질 식품에 작용하여 변질되는 것으로 악취는 없다.
- **변패** : 단백질 이외의 식품이 미생물에 의해서 변질되는 것이다.
- **산패** : 유지가 공기 중의 산소, 일광, 금속(Cu, Fe)에 의해 산화되어 불쾌한 냄새를 형성하면서 변질되는 것이다.

발효 : 탄수화물이 미생물의 작용을 받아 유기산, 알코올 등을 생성하게 되는 변질이다.

식품의 보존법

① 물리적 처리에 의한 보존

건조법 : 식품과 미생물의 종류에 따라 다르지만 보통 수분 15% 이하에서는 미생물이 번식할 수 없다. 곰팡이는 13% 이하의 수분에서 생육이 불가능하므로 건조식품(수분함량 15%)에서 가장 주의해야 할 미생물이다.

분무건조법 액체를 분무하여 그 열풍으로 건조하는 방법으로 분유, 분말주스 등의 건조에 이용된다.

냉동건조법 −30℃ 이하로 급냉동시켜 건조하는 방법으로 식품의 신선도 유지에 매우 효과적이며 해당 식품으로는 한천, 당면, 북어 등이 있다.

열풍건조법 일정 온도로 가열된 공기로 식품을 건조시키는 방법으로 육류, 어류에 이용된다.

배건법 직접적으로 불을 이용해 식품을 건조시키는 방법이다. 특히 이 방법은 식품의 향미를 좋게 하는 것이 특징으로 보리차, 커피, 홍차 등에 이용된다.

소건법 식품을 그대로 햇볕에 말려 보존하는 방법으로 오징어, 김, 미역 등의 건조에 이용한다.

자건법 식품을 일정 온도로 한 번 삶은 후 건조하는 방법으로 멸치 등의 건조에 이용된다.

감압동결건조법 수용액이나 다량의 수분을 함유한 재료를 동결시키고 감압(1mmHg)하여 얼음을 승화시켜 수분을 제거한 후 건조물을 얻는 방법이다. 조작이 저온에서 이루어지므로 열에 약한 물질의 건조법으로 유용하다.

고주파건조법 식품이 태우지 않고 균일하게 건조시킬 수 있는 것이 가장 큰 특징이다.

냉장 · 냉동법 : 미생물은 생육온도보다 낮은 온도에서는 활동이 둔해지며 번식이 불가능하게 된다.

움저장법 수확한 즉시 바람이 잘 통하는 그늘진 곳에 두었다가 땅 속에 1~2m 깊이로 구덩이를 판 뒤 움을 만들어 그곳에 보관하는 방법으로 감자, 고구마 등에 이용된다. 움의 온도는 10℃ 정도가 적절하다.

냉동법 −5℃에서 저장하는 방법으로, 수분동결하면 미생물의 생육에 필요한 수분도 얼어서 이용할 수 없다.

② 가열살균법

- 저온살균법 : 60~65℃의 온도에서 약 30분간 가열살균 후 10℃ 이하로 급랭한다. 우유, 주스, 간장, 소스, 맥주 등에 이용된다.
- 고온단시간살균법 : 70~75℃의 온도에서 약 15초간 가열살균 후 급랭한다. 과즙살균 등에 이용된다.
- 초고온순간살균법 : 130~140℃의 온도에서 1~2초간 가열살균 후 급랭한다. 우유, 통조림 등에 이용된다.
- 고온장시간살균법 : 90~120℃의 온도에서 약 60분간 가열살균(냉각처리를 하지 않음)한다(우유살균법 : 저온살균법, 고온단시간살균법, 초고온순간살균법). 통조림 살균에 이용된다.

③ 조사살균법

냉온살균법이라고도 하며, 자외선과 방사선을 이용하여 미생물을 사멸시키는 방법이다.

- 자외선살균법 : 자외선살균법은 투과력이 약하므로 2,500~2,800Å의 자외선 파장으로 주로 기구, 식품표면, 투명한 음료수 소독에 이용된다.
- 방사선살균법 : ^{60}Co(코발트60)의 감마선을 식품에 조사시키는 방법으로 품질유지에 유리하지만 조사량에 따라 색, 맛, 영양소의 손실이 수반된다. 1~4Mrad 조사로 살균하는 방법이다.

④ 화학적 처리에 의한 저장법

- 염장법 : 소금에 절이는 방법(소금농도 10% 이상)으로, 해산물, 채소류, 장아찌에 이용되며 젓갈류는 20~30%의 농도로 저장된다.

- 당장법 : 설탕에 의한 삼투압을 이용한 것(설탕농도 50% 이상)으로, 잼, 젤리, 마멀레이드 등에 이용된다.

- 산저장법 : 초산, 젖산, 구연산 등을 이용하여 식품을 저장하는 방법으로, 미생물의 생육에 필요한 pH 범위를 벗어나게 하는 방법(초산농도 3~4% 이상)이다. 오이피클, 마늘장아찌가 대표적인 식품이다.

- 화학물질의 첨가 : 화학물질을 이용하여 미생물을 살균하고 발육을 저지하여 효소의 작용을 억제시키는 방법이다. 인체에 해가 없는 물질을 이용해야 한다.

⑤ 발효처리에 의한 방법

- 세균, 효모의 응용 : 식품에 유용한 미생물의 작용을 증식시켜 유해한 미생물의 번식을 억제시키는 것으로 보존 이외에도 맛을 개선시킬 수 있는 방법이다. 치즈, 주류, 절임식품 등이다.

- 곰팡이의 응용 : 식품에 특정한 곰팡이를 발육시켜 그 작용에 의해 유해미생물의 발육을 저지시키는 것이다. 된장, 고추장 등의 식품에 많이 이용된다.

⑥ 종합적 처리에 의한 보존

- 훈연법 : 수지가 적은 나무(참나무, 벚나무, 떡갈나무 등)를 불완전 연소시켜서 발생하는 연기에 육류, 어류 등을 그을려서 저장하는 방법이다. 햄, 베이컨, 소시지 등에 이용한다. 페놀(phenol), 포름알데히드(formaldehyde), 개미산(formic acid) 등과 같은 성분이 발생한다.

- 염건법 : 소금을 첨가한 후 건조시켜 저장하는 방법이다.

- 밀봉법 : 용기에 식품을 넣어 수분증발, 수분흡수, 미생물의 침범을 막아 보존하는 방법으로, 통조림, 진공포장, 레토르트파우치 등이 있다.

- 훈증법 : 훈증제로 훈증하여 곤충의 충란 및 미생물을 사멸시키며 주로 곡류 저장에 많이 이용된다.

3 식중독

자연독이나 유해물질이 함유된 음식물을 섭취하여 생기는 급성 또는 만성적인 질환으로 주로 발열, 구역질, 구토, 설사, 복통 등의 증세가 나타난다. 식중독 발생 원인에 따라 세균성 식중독, 화학적 식중독, 자연독 식중독으로 분류된다.

1) 세균성 식중독

감염형 식중독

식품 내 병원체 및 독소가 증식하여 인체 내에 들어와 생리적 이상을 일으키는 것이 감염형 식중독이다.

① 살모넬라 식중독

쥐, 파리, 바퀴벌레 등에 의해 식품을 오염시키는 살모넬라균에 오염된 식품을 먹고 난 후 일어나는 식중독으로, 급성 위장염의 증상을 보이며, 심하면 구역질, 구토, 설사, 쇠약감 등과 같은 증상도 나타난다.

- 원인균 : 살모넬라균(그람음성, 통성혐기성)이다.
- 증상 : 구토, 복통, 설사 및 급격한 발열(38~40℃) 등의 위장증상이 나타난다.
- 원인식품 : 육류, 우유, 달걀 등 축산식품 등이다.
- 잠복기 : 평균 18시간으로, 8~48시간이다.
- 예방대책 : 살모넬라균은 60℃에서 20분 정도의 가열로 사멸되므로 식품을 가열해 조리하는 것이 가장 안전하다. 살모넬라균은 10℃ 이하 저온에서는 발육하지 않으므로 식품을 저온으로 보존해야 한다.

② 장염비브리오 식중독

장염비브리오균으로 말미암아 일어나는 세균성 식중독으로, 전갱이, 가자미 등의 생선류나 키조개와 같은 조개류를 여름철에 날것으로 먹을 경우 12~24시간 후에 발병한다.

- 원인균 : 비브리오균(그람음성, 통성혐기성 간균)이다.
- 증상 : 구토, 복통, 설사(혈변)를 주 증상으로 하는 전형적인 급성위장염, 약간의 발열(37~39℃)이 나타난다.
- 원인식품 : 어패류이다.
- 예방대책 : 여름철 어패류의 생식을 금하며, 증식을 억제하려면 이 균은 저온에서 번식하지 못하므로 냉장보관하거나 가열하여 섭취(중심온도 65℃로 1분 이상 가열)한다. 3~4%의 식염농도에서도 잘 자라는 호염성 세균이다.

③ 병원성 대장균 식중독

대장균과 유사한 형태 및 생활상을 가지는 그람음성균으로, 병원성이 있으며 포자를 형성하지 않는다. 간구균이며 35~48시간 이내에 과당 발효를 하여 가스를 형성한다. 세균성 이질, 장티푸스, 식중독 등을 일으킨다.

- 원인균 : 병원성 대장균(그람음성, 무포자 간균, 호기성 또는 통성혐기성)이다.
- 증상 : 급성설사증이 나타난다.
- 원인식품 : 햄, 치즈, 소시지, 샐러드, 갈아놓은 고기, 가정에서 만든 마요네즈이다.
- 잠복기 : 평균 13시간이다.
- 예방대책 : 동물의 배설물이나 환자의 분변이 주 오염원이므로 이들에 오염되지 않도록 주의한다. 대장균은 사람이나 동물의 장관 내에 서식하는 균으로 흙속에도 존재한다. 식품위생상 대장균이 문제되는 것은 식품이나 물이 분변에 오염되었는지를 알 수 있는 지표로 사용되기 때문이다.

④ 알레르기성 식중독

과민한 체질을 가진 사람이 정상적인 사람에게는 아무렇지도 않은 어떤 음식을 먹고 일으키는 식중독으로, 건어물 따위의 단백질 식품에 의하여 일어나며 습진, 두드러기, 구토, 설사 등의 증상이 나타난다. 항히스타민제를 투여하면 빨리 낫는다.

- 원인물질 : 히스타민이다.
- 원인균 : 프로테우스 모르가니이다.

- 잠복기 : 평균 13시간이다.
- 예방대책 : 꽁치나 고등어와 같은 붉은살 어류의 가공품을 섭취했을 때 약 1시간 뒤에 몸에 두드러기가 나고, 열이 나는 식중독으로 부패가 되지 않은 식품의 섭취 때에도 일어나므로 각자가 조심해야 하며 식품의 부패를 예방해야 한다.

⑤ 웰치균 식중독

웰치균에 의한 식중독은 집단 급식시설 등 다수인의 식사를 조리할 경우 발생되기 쉬워 '집단 조리 식중독'이라고 불리기도 한다.

- 원인균 : 웰치균이다.
- 증상 : 복통, 심한 설사 증세가 나타난다.
- 원인식품 : 육류 및 가공품, 어패류와 가공품, 튀김두부 등이다.
- 잠복기 : 8~22시간으로, 평균 12시간이다.
- 예방대책 : 분변의 오염을 막고, 조리된 식품은 저온 · 냉동 보관한다.

독소형 식중독

식품 내 독소형 식중독은 포도상구균, 보툴리누스 및 시리우스균 등의 독소에 의한 구토 증세가 대표적인 식중독이다.

① 포도상구균 식중독

식품 중에서 엔테로톡신을 생산하는 균주에 의해서 일어나는 독소형의 식중독이며, 이 독소는 열에 대한 저항성이 강하여 100℃에서 30분간 가열하여도 파괴되지 않는다. 독소형이기 때문에 잠복기가 비교적 짧아 평균 3시간 정도이며 주 증상은 급성위장염이다.

- 원인균 : 동물, 사람, 환경 등 주위에 널리 분포하고 있으며, 건강한 피부에도 존재한다. 균이 생성하는 장독소는 엔테로톡신에 의한 식중독이며, 황색포도상구균은 열에 약하나 독소인 엔테로톡신은 120℃에서 20분간 처리해도 파괴되지 않는다.
- 원인식품 : 유제품이다.

- **원인독소** : 엔테로톡신이다.
- **증상** : 위장증상, 구토, 복통, 설사 증세가 나타난다.
- **잠복기** : 식후 3시간으로, 잠복기가 가장 짧다.
- **예방대책** : 화농질환 등 피부질환이 있는 사람은 식품 취급을 금해야 하며, 조리실의 청결은 물론 조리된 식품은 신속하게 섭취한다.

② 클로스트리디움 보툴리눔 식중독

- **원인균** : 보툴리눔균(편성혐기성)이다.
- **원인독소** : 뉴로톡신이다.
- **증상** : 신경마비증상이 나타나며 세균성 식중독 중 치명률이 40%로 가장 높다.
- **원인식** : 살균이 불충분한 통조림 가공품, 햄, 소시지이다.
- **잠복기** : 식후 12~36시간으로, 잠복기가 가장 길다.
- **예방대책** : 음식물의 가열처리(90℃에서 30분), 탈기 식품, 통조림 및 소시지 등의 위생적 보관과 가공을 철저히 해야 한다.

2) 자연독 식중독

동물성 자연독 식중독

① 복어 중독

- **원인독소** : 테트로도톡신으로 난소 > 간 > 내장 > 피부 등의 순으로 함유되어 있다.
- **증상** : 식후 30분~4시간 만에 발병하며 중독 증상이 단계적으로 진행(혀의 지각 마비, 구토, 감각둔화, 보행곤란, 호흡곤란, 의식불명)되어 사망에 이른다. 진행 속도가 빠르고 해독제가 없어 40~80% 정도로 치사율이 높다. 독성이 가장 강하고 열에 안정하여 끓여도 파괴되지 않는다.
- **예방대책** : 전문 조리사만이 요리하도록 한다. 독이 가장 많은 산란 직전(5~6월)에는 특히 주의한다. 독 부위는 제거하고 유독 부위의 폐기 또한 철저히 한다.

② **조개류 중독**

- 마비성 조개중독(섭조개, 홍합, 가리비, 대합) : 독성물질은 삭시톡신이며 유독 플랑크톤을 섭취한 조개류에서 검출된다. 호흡곤란, 신경마비, 신체마비 등과 같은 증상이 나타나며 치사율은 10% 정도이다.
- 베네루핀 중독(모시조개, 굴, 바지락) : 독성물질은 베네루핀이며 유독 플랑크톤을 섭취한 조개류에서 검출된다. 식후 24~48시간 후에 중독증상이 발병하고 구토, 출혈, 복통, 변비, 의식혼란 등의 현상을 일으키며 치사율은 44~50%이다.

식물성 자연독 식중독

① **독버섯 중독**

- 원인독소 : 독성분은 무스카린, 무스카라딘, 뉴린, 콜린, 팔린 등이 있다.
- 증상 : 화경버섯, 외대버섯, 무당버섯 등을 먹으면 구토, 설사, 복통이 나타나는 위장염 증상이 있으며 알광대버섯, 마귀곰보버섯, 독우산광대버섯 등을 먹으면 경련, 헛소리, 혼수상태를 동반한 콜레라형 증상이 일어난다. 광대버섯, 마귀광대버섯, 땀버섯의 독성분은 중추신경계 침해, 침흘림, 땀흘림, 환각, 혼수상태 등의 신경계 장애형 증상을 발병시키며 마귀곰보버섯, 긴대안장버섯의 독성분은 위장장애에 이어 황달, 빈혈, 혈뇨 등의 혈액독형 증상을 일으킨다. 미치광이버섯, 외대버섯의 독성분은 체내에 들어오면 홍분, 환각, 땀흘림, 서맥 등의 뇌증상을 일으킨다.
- 독버섯 식별법
  - 버섯의 색이 아름답고 선명하다.
  - 세로로 쪼개지지 않는다.
  - 악취가 난다.
  - 줄기 턱이 있다.
  - 버섯을 끓일 때 은수저의 색이 검게 변한다.
  - 매운맛이나 쓴맛이 난다.
  - 유즙 또는 점성액을 분비하고 공기 중에 변색한다.

② **감자**

- 원인독소 : 감자의 녹변 시에 생성되는 솔라닌과 감자가 부패하거나 발아 시에 생성되는 셉신이다.
- 증상 : 2~12시간 후에 구토, 복통, 설사 등의 위장 증상이 나타난다.
- 예방대책 : 녹색으로 변하거나 싹이 튼 부분을 제거해야 하며, 특히 저장할 때에는 서늘한 곳(10℃ 움저장)에서 보관해야 한다.

③ **기타 유독 물질**

- 독미나리 : 시큐톡신
- 피마자 : 리신
- 목화씨 : 고시폴
- 독보리(독맥) : 테무린
- 미치광이풀 : 아트로핀
- 청매(미숙한 매실), 살구씨, 복숭아씨, 은행의 종자, 오색두 등 : 아미그달린이라는 시안 배당체가 함유되어 있어 인체 장내에 청산을 생성하는데, 치명률이 높은 중독의 원인이 된다.

3) 화학성 식중독

농약에 의한 식중독

① **유기인제 중독**

유기인화합물을 주체로 한 농약으로, 활용도 면에서 현재 사용하고 있는 농약 중 가장 많은 종류를 차지하고 있다.

- 종류 : 파라티온, 말라티온, 다이아지논, 테프 등이 있다.
- 중독 증상 : 식욕부진, 구토, 경련, 신경독 증상, 근력 감퇴, 혈압 상승 등의 증상이 나타난다.
- 지속기간 : 1~12주

- 예방방법 : 농약 살포시 흡입주의, 과채류의 산성액 세척, 수확 전 15일 이내의 농약 살포금지 등이다.

② 유기염소제 중독

염소를 함유하는 유기합성 살충제의 총칭이다. 잔류기간이 길어 사용량의 증가와 더불어 최근에 환경오염 문제가 대두되어 사용이 금지되고 있다.

- 종류 : DDT, BHC, 알드린 등이 있다.
- 중독증상 : 복통, 설사, 두통, 구토, 전신권태, 시력감퇴, 신경계에 독성 등의 증상이 나타난다.
- 잔류기간 : 2~5년

③ 유기수은제 중독

수은을 지닌 유기 화합물로 된 의약, 농약, 살충제, 방부제를 통틀어 이르는 말이다.

- 종류 : 메틸염화수은, 메틸요오드화수은, EMP, PMA 등이 있다.
- 중독증상 : 시야축소, 언어장애, 보행곤란, 정신착란 등의 증상이 나타난다.
- 지속기간 : 1~12주

④ 비소화합물 중독

백색분말로 독성이 강하며 항백혈병약, 변질제, 보혈제로서 악성빈혈, 악성림프종 등에 쓰인다.

- 종류 : 산성비산납, 비산칼슘 등이 있다.
- 중독증상 : 목구멍과 식도의 수축현상, 위통, 설사, 구토, 혈변, 소변량이 감소하는 증상이 나타난다.

중금속 식중독

① 구리 중독

- 중독 경로 : 식품첨가물, 식기의 녹청이다.
- 증상 : 구토, 복통, 타액 다량 분비, 현기증, 호흡곤란, 잔열감, 간세포괴사 등의 증상이 나타난다.

② **아연 중독**

- 중독 경로 : 식기, 용기, 합금, 산성식품, 가열에 의한 용출에 의한다.
- 증상 : 오심, 구역질, 구토, 설사, 경련, 복통, 두통, 권태감 등의 증상이 나타난다.

③ **카드뮴 중독**

- 중독 경로 : 식기, 용기, 공장폐수, 광산폐수, 매연, 농작물이 오염된 것을 식품으로 섭취하였을 때 나타난다.
- 증상 : '아프다. 아프다' 라는 의미의 일본어에서 유래한 이타이이타이병의 원인 물질이다. 초기에는 구토, 설사, 복통, 허탈감, 의식불명을 초래하고 만성중독이 되면 폐기종, 신장장애, 단백뇨, 골연화증, 골다공증이 나타나며 치아가 누렇게 변하기도 한다.

④ **납 중독**

- 중독경로 : 납땜(통조림), 음료수를 통과시키는 수도관, 도료 도기 및 법랑제품의 유약성분 농약, 완구류와 화장품의 안료, 페인트 등이다.
- 증상

급성중독 구토, 구역질, 복통, 사지마비 등이다.

만성중독 잇몸에 납 무늬가 나타난다. 피로, 소화기 장애, 지각상실, 시력장애, 체중감소 등의 증상이 나타난다.

⑤ **수은 중독**

- 중독 경로 : 체온계, 질이 나쁜 화장품, 공장 폐수에 오염된 어패류이다.
- 증상

급성중독 농약, 보존료, 방부제, 오염된 식품 섭취 시에 유발하며 경련, 갈증, 구토, 복통, 장의 작열감, 설사 등의 증상이 나타난다.

만성중독 식욕감퇴, 체중감소, 수면장애, 홍분, 기억력감소, 기억상실, 언어장애, 미나마타병 등이 나타난다.

유해성 식품첨가물에 의한 식중독

① 식품첨가물에 의한 식중독 원인

허용되지 않은 첨가물을 잘못 사용하고 허용된 첨가물을 과다하게 사용하거나 불순한 첨가물을 사용하는 경우이다.

② 유해성 식품첨가물의 종류

- 착색제 : 아우라민, 파라니트로아닐린, 로다민 등
- 감미료 : 에틸렌글리콜, 니트로아닐린, 둘신, 페릴라틴, 사이클라메이트
- 표백제 : 롱갈리트, 형광표백제, 니트로겐 트리클로라이드 등
- 보존료 : 붕산, 포름알데히드, 불소화합물, 승홍
- 착향료 : 메틸알코올, 클로로포름, 아미부틸레이트, 니트로벤젠 등의 혼합물 등
- 중량제 : 산성백토, 탄산칼슘, 탄산마그네슘, 벤노네이트, 규산마그네슘, 규조토 등
- 메틸알코올(메탄올) : 과실주나 정제가 불충분한 에탄올이나 증류수에 미량 함유되어 두통, 현기증, 구토가 생기고 심할 경우 시신경에 염증을 일으켜 실명하거나 사망에 이르게 된다.

4) 곰팡이 독소

아스퍼질러스속이 생산하는 독소 – 아플라톡신 중독

쌀, 보리 등의 탄수화물이 풍부한 곡류와 땅콩 등의 콩류에 침입하여 아플라톡신 독소를 생성하여 인체에 간장독을 일으킨다.

- 원인 곰팡이 : 아스퍼질러스 플라브스
- 원인 식품 : 곡류, 된장, 땅콩, 곶감
- 독소 : 아플라톡신

페니실리움속이 생산하는 독소 – 황변미 중독

페니실리움속 푸른곰팡이가 저장 중인 쌀에 번식하여 누렇게 변질시키면 시트레오비

리딘, 이슬란디톡신 등의 독소를 생성하여 인체에 교감신경차단, 자궁수축작용, 간장독 등을 일으킨다.

- 원인 곰팡이 : 페니실리움속 푸른곰팡이
- 원인 식품 : 저장미
- 독소 : 시트리닌, 시트레오비리딘, 이슬란디톡신 등

맥각 중독

보리, 호밀 등에 맥각균이 번식하여 에르고톡신, 에르고타민 등의 독소를 생성하며, 인체에는 맥각병, 간장독을 일으킨다.

- 원인균 : 맥각균
- 원인 식품 : 보리, 밀, 호밀
- 독소 : 에르고톡신, 에르고타민 등

참고문헌 Reference

강난기(1989). 유아의 식습관과 인성특성에 관한 연구. 숙명여자대학교 교육대학원 석사학위논문.

강앵(1993). 유치원에서의 요리 활동에 대한 유아의 반응 연구. 한국교원대학교 대학원 석사학위논문.

교육인적자원부(2004). 유치원 급식 · 간식 식단 및 요리활동자료.

권영례(1993). 새 교육과정에 의한 유아주도 과학 활동. 서울: 양서원.

김계자(1984). 통합교육과정으로써의 요리 활동의 교육적 가치에 관한 연구. 중앙대학교 대학원 석사학위논문.

김동희(2010). 아동요리 지도사. 서울: 푸른행복.

김미정(2004). 다문화적 요리활동이 유아의 그리기 표현능력에 미치는 영향. 전남대학교 교육대학원 석사학위논문.

김언정(2006). 수학 개념을 접목시킨 아동요리 활동 프로그램 적용효과. 숙명여자대학교 대학원 석사학위논문.

김은실(2001). 아주 특별한 교육: 요리놀이 29가지. 서울: 도서출판 리수.

김정영(2002). 교육계획안에 나타난 요리활동 분석 = (A) Study on the Cooking Activity as a Science Education in the Lesson Plans. 이화여자대학교 교육대학원.

김주민(2002). 요리 활동이 유아의 편식에 미치는 영향. 교과교육학연구 7(2): 121-139.

김지영(1999). 요리 활동이 유아의 사회 · 정서 발달에 미치는 영향. 한국외국어대학교 석사학위 논문.

노은호 외(2005). 통합적 유아 요리 활동의 이론과 실제. 서울: 형설출판사.

덕성여대 부속유치원(1997). 유아영양과 요리 활동. 서울: 창지사.

류미영(2003). 통합적 요리활동이 유아의 창의성 및 문제해결력에 미치는 영향. 계명대학교 교육대학원 석사학위논문.

류진희(2000). 유아교사를 위한 교육실습과 교육활동. 서울: 양서원.

문교부(1987). 과학 교육 프로그램. 서울: 문교부.

박은경(2003). 요리 활동이 유아의 창의성 발달에 미치는 영향. 배재대학교 대학원 석사학위논문.
박혜경(1991). 유아를 위한 총체적 언어교육 접근법의 효과에 관한 연구. 이화여자대학교 대학원 박사학위논문.
배소연, 정미라(1996). 유치원의 간식 및 점심 급식 시간의 교육적 운영. 아동학회지 17(1) : 117
삼성복지재단 어린이개발센터(1995). 유아를 위한 요리 활동. 서울: 양서원.
손자옥(2002). 요리 활동을 통한 유아의 개념 학습에 관한 연구. 중앙대학교 교육대학원 석사학위논문.
신기진(2006). 협력학습으로써 요리 활동 프로그램이 정서장애아의 또래관계 변화에 미치는 영향. 공주대학교 특수교육대학원 석사학위논문.
안숙자, 배영미(1995). 어린이집 교사와 원아를 위한 영양교육 실태에 관한 연구. 한국식품조리과학회지11(1) : 58-68.
오경화, 이성희, 최정원(2011). 한 번에 끝내는 조리기능사 필기 총정리. 서울: 이노books.
오영희(2002). 통합적 요리 활동 교육의 이론과 실제. 서울: 창의사고.
이경우 외(1993). 요리 활동의 통합적 접근: 물리적 지식 활동을 중심으로. 인간발달연구 21 : 67-109.
이기열 외(1987). 어린이의 영양. 서울: 연세대학교 출판부.
장미정(1996). 유아의 창의성 교육을 위한 교사역할 인식분석. 이화여자대학교 대학원 석사학위논문.
전경원, 전경분(2001). 창의적인 요리 활동의 실제. 서울: 창지사.
정연희(2003). 요리 활동을 통한 유아과학교육의 실제. 서울: 정민사.
조성연(1984). 창의성 검사의 타당화를 위한 일연구. 연세대학교 대학원 석사학위논문.
조진숙(1997). 요리 활동이 유아의 기초 과학 개념에 미치는 영향. 중앙대학교 교육대학원 석사학위논문.
조현정(2005). 요리 활동이 유아의 수학개념 및 수학에 대한 태도에 미치는 영향. 성신여자대학교 교육대학원 석사학위논문.
Cosgrove, M. S.(1991). Cooking in the Classroom : The Doorway to Nutrition. *Young Children 46*(3), 43-46.
Hohman, M, Banet, B. & Weikart, D.(1979). *Young children in action*. Ypsilanti, Michigan: High-Scope Press. Eric Ed 481.
Macfee, O.(1974). *Cooking and Eating with Children : A Way to Learn*. Washington D. C. : Association for Childhood Education International.

찾아보기 Index

저자소개

오재복

경기대학교 관광전문대학원 식공간연출전공 관광학박사
경기대학교 관광전문대학원 식공간연출전공 관광학석사
덕성여자대학교 교육대학원 중등교육전공 교육학석사
전　한정혜요리학원 부원장
현재　인하대학교 식품영양학과 겸임교수
경기대학교 관광전문대학원 출강

이성희

경기대학교 관광전문대학원 식공간연출전공 관광학박사
경기대학교 관광전문대학원 식공간연출전공 관광학석사
푸드코디네이터 명인 1호, 김치소믈리에 명인 2호
현재　(사)한국맛음식연구원장
에스더원요리학원장
조선이공대학교 식품영양조리과학과 겸임교수

아동요리 지도사
실무 매뉴얼

2012년 11월 16일 초판 인쇄
2012년 11월 23일 초판 발행

지은이 오재복 · 이성희
펴낸이 류제동
펴낸곳 (주)교문사

디렉터 양계성
책임편집 손선일 · 최지영
디자인 이혜진
사진 최원진
본문 일러스트 김민정
제작 김선형
영업 정용섭 · 이진석 · 송기윤
홍보 김미선

출력 현대미디어
인쇄 삼신인쇄
제본 한진제본

우편번호 413-756
주소 경기도 파주시 교하읍 문발리 출판문화정보산업단지 536-2
전화 031-955-6111(代)
팩스 031-955-0955
등록 1960. 10. 28. 제406-2006-000035호
홈페이지 www.kyomunsa.co.kr
E-mail webmaster@kyomunsa.co.kr
ISBN 978-89-363-1315-9(93590)

값 19,000원

* 저자와의 협의하에 인지를 생략합니다.
* 잘못된 책은 바꿔 드립니다.